AF450604

ARREST
CONTRADICTOIRE
DV
CONSEIL D'ESTAT
DV ROY,
SA MAJESTE' Y ESTANT,

Portant un Reglement general de jurifdiction entre les Prevoft des Marchands & Efchevins de la Ville de Lyon, Iuges, Gardiens & Confervateurs des privileges de fes foires, & les Officiers de la Senefchauffée & Siege Prefidial de ladite Ville.

Du 23. Decembre 1668.

A LYON,

Chez ANTOINE IVLLIERON, feul Imprimeur & Libraire ordinaire du Roy, du Clergé, & de la Ville, à l'enfeigne des deux Viperes, dans la Place de Confort.

M. DC. LXIX.

Avec Privilege de Sa Majefté.

EXTRAIT DES REGISTRES
du Conseil d'Estat.

E u par le Roy estant en son Conseil les requestes respectivement presentées à Sa Majesté par les Prevost des Marchands & Eschevins de la ville de Lyon , Presidens , Iuges, Gardiens & Conservateurs des privileges royaux des foires de ladite Ville, par Paul Mascranny, André Falconet, Estienne Berton, Pierre Boisse, & Antoine Blauf Preuost des Marchands & Eschevins de ladite Ville, Iuges , Gardiens & Conservateurs des privileges desdites foires , & Dominique de Pont-Saint Pierre , Benoist Vacheron , Bernardin Reynon , Laurent Annisson , Nicolas Alexandre, & Iean François Philibert Commissaires nommez par Sa Majesté & par ladite Ville pour l'exercice de la justice en la jurisdiction desdits Juges Conservateurs conjointement avec lesdits Prevost des Marchands & Eschevins : par les Presidens, Lieutenans General, Criminel, Particulier, Conseillers, & Procureur de sa Majesté, Juges & Magistrats en la Seneschaussée & Siege Presidial de ladite ville de Lyon : par ledit Paul Mascranny Escuyer Seigneur de la Verriere en son nom seul : par François du Faure Conseiller de Sa Majesté, Receveur general ancien des Gabelles de Lyonnois : par les Procureurs postulans en la Seneschaussée & Siege Presidial de Lyon, en ladite jurisdiction de la Conservation des privileges des foires , & autres jurisdictions royales de ladite Ville : par Matthieu de Seve Conseiller du Roy , President , & Lieutenant general en ladite Seneschaussée & Siege Presidial de ladite vil-

A 2

le

le de Lyon : par Pierre Pilotte Procureur és Cours dudit Lyon: & par Thomas de Moulceau Escuyer , Secretaire & Deputé de ladite Ville : Sçavoir celle desdits Prevost des Marchands & Eschevins , Iuges , Gardiens & Conservateurs des privileges des foires de ladite Ville , contenant : Que Sa Majesté desirant estre informée des causes & de l'origine de l'établissement dans ladite Ville , de la jurisdiction desdits Iuges Conservateurs unie depuis quelques années au Corps Consulaire de ladite Ville, pour ce fait estre par elle remedié avec plus de connoissance de cause aux frequentes & continuelles entreprises par lesquelles les Officiers de la Seneschaussée & Siege Presidial de ladite Ville travaillent comme ils ont toûjours fait à s'arroger la connoissance des matieres, procés & differends concernans le fait du commerce & des Marchands tant de ladite Ville qu'autres qui y negocient sous le privilege desdites foires , & d'aneantir en mesme temps cette legitime autorité desdits Juges Conservateurs ; Sa Majesté par l'Arrest sur ce intervenu en son Conseil Royal de Commerce le 21. May 1667. a entre autres choses ordonné que les titres concernans cet établissement & attribution de ladite jurisdiction desdits Juges Conservateurs seroient incessamment apportez audit Conseil & mis entre les mains du Sieur Pussort Conseiller ordinaire de Sa Majesté en tous ses Conseils , pour ce fait & lesdits titres par luy veus estre par Sa Majesté à son rapport audit Conseil ordonné ce que de raison : Et cependant que le jugement provisionel rendu par le Sieur Archevesque de Lyon entre les Officiers dudit Presidial & lesdits Supplians le 6. Mars audit an 1667. seroit executé selon sa forme & teneur , avec défenses ausdites parties de se pourvoir pour raison de ce ailleurs qu'audit Conseil aux peines portées par ledit Arrest, jusques à ce que par sa Majesté en eust esté autrement ordonné. Mais bien que cet Arrest ait esté deslors deuëment signifié ausdits Officiers dudit Presidial, & qu'il y ait esté pleinement satisfait de la part desdits Supplians par la remise actuelle de tous les titres qui ont établi, & depuis de temps en temps confirmé cet établissement & cette pri-

vative

vatiue jurifdiction defdits Juges Confervateurs fur tout ce qui concerne & compofe le commerce & le negoce defdits Marchands; neanmoins il n'y a point d'artifices ny de moyens par lefquels lefdits Officiers n'ayent depuis foigneufement travaillé à fe conferver dans les mefmes ufurpations de cette autorité, au mépris de ces défenfes à eux faites par ledit Arreft. Le premier qu'ils ont mis pour cela en ufage, a efté celuy de fuggerer adroitement au fieur Procureur General de fa Majefté au Parlement de Paris par le miniftere & l'entremife de Maiftre Jean Vidaud fon Subftitut audit Prefidial & en ladite Confervation, qu'il fe commettoit dans le Greffe de ladite Confervation divers abus & induës exactions par ceux qui en font l'exercice au delà des droits à eux fixez & reglez par l'Edit de l'union de cette jurifdiction audit Confulat, & fous ce pretexte ont fous le mefme nom dudit Procureur General fait rendre Arreft en ladite Cour, portant défenfes au Greffier de ladite Confervation de prendre plus grands droits que deux fols fix deniers pour chacun roolle de groffe de leurs expeditions : & en cas de contravention en feroit informé par le premier Confeiller de ladite Cour trouvé fur les lieux, finon par le Lieutenant General ou Particulier ou autre Confeiller audit Prefidial, pour l'information faite rapportée & communiquée audit fieur Procureur General eftre par la Cour ordonné ce que de raifon. Le fecond moyen defdits Officiers audit Prefidial a efté celuy de fe prevaloir en forte de l'occafion du procés pendant & indecis audit Prefidial entre le nommé Claude Dandré Marchand negociant dans ladite Ville fous les privileges des foires d'une part, & quelques particuliers défendeurs d'autre pour raifon de certain heritage contentieux : fi bien que faifant fecretement efperer audit Dandré le gain de ce procés où il s'agit pour luy d'une pretention de plus de cinquante mille liures, ils luy ont infpiré auffi-bien qu'à fon affocié le deffein de fe retirer audit Prefidial pour un fait de leur commerce & de leur focieté & d'y prefenter fa requefte : en forte qu'aprés s'eftre ainfi par le miniftere dudit Dandré arrogé la connoiffance de ce fait de

commerce

commerce & de negoce defdits Marchands ; ils ont de l.
mefme maniere & fous le mefme nom , pour mieux autorife
cette ufurpation , fait rendre Arreft audit Parlement le 3ó
Decembre dernier 1667. portant entre autres chofes que le
parties procederont audit Prefidial pour ce qui concerne l
fait de leurdite focieté & commerce. Le troifiéme moyer
par lequel les Officiers dudit Prefidial ont contrevenu à ce
Arreft du Confeil & aux défenfes y contenuës , a efté celuy
de l'execution de l'Arreft dudit Parlement du 3. Sept. audi
an 1667. fur le fait des voitures : en forte que bien qu'il euf
confervé & renvoyé la connoiffance de ce fait defdites voitures aux Iuges de l'étenduë de fon reffort chacun fuivan
qu'ils feroient fondez d'en connoiftre , & que ledit Vidauc
Subftitut dudit fieur Procureur General non feulement en la
dite Senefchauffée & Siege Prefidial, mais encore en ladit
Confervation, n'ait pû ignorer l'incompetance dudit Prefidial & la naturelle jurifdiction & attribution defdits Juges
Confervateurs , fur cette matiere defdites voitures : neanmoins ledit Vidaud fuivant en cela fon mouvement ordinair
& la pente qu'il a à favorifer les Officiers dudit Prefidial &
leurs entreprifes fur cette autorité legitime & privative defdits Iuges Confervateurs par la raifon de fon attachement audit Prefidial & par celle de fa parenté avec le Lieutenant General , le Lieutenant Particulier , & autres plus confiderables
Officiers dudit Siege au degré prohibé par les Ordonnances
& Reglemens de fa Majefté ; Il a porté & prefenté cet Arref
de ladite Cour à ces mefmes Officiers dudit Siege où la pu-
publication en a efté faite à fa propre requefte le 29. Novembre fuivant, comme s'ils eftoient Iuges competens de cette
connoiffance à l'exclufion defdits Iuges Confervateurs , &
cela avec tant d'affectation & un deffein fi premedité de dé-
rober cette nouvelle entreprife à la veuë defdits Supplians ,
qu'ils ont eu toutes les peines du monde d'obtenir du Greffier dudit Siege l'expedition de cet Acte de ladite publication , aprés l'avoir fouvent interpellé de vive voix & mefme
par écrit. D'ailleurs , bien que ledit Arreft dudit Confeil ait
expreffémen

expreſſément voulu & ordonné , Que tous Marchands portans bilan, tenans livres & ſtipulans payemens en temps de
foires en ladite Ville ſeront & demeureront juſticiables pour
raiſon de leur negoce deſdits Juges Conſervateuts privativement auſdits Officiers dudit Preſidial : neanmoins le Lieutenant General audit Siege n'a pas eſté pluſtoſt averty de la
faillite d'Oudart Mercier Marchand negociant tenant livres
& bilan dans ladite Ville, debiteur de pluſieurs ſommes con-
ſiderables par ſes promeſſes payables en temps de foire, qu'au
mépris de ces termes formels de cet Arreſt dudit Conſeil il
n'a pas fait ſcrupule de ſe tranſporter au domicile dudit failly, accompagné dudit Vidaud Subſtitut dudit Procureur General & de divers Procureurs poſtulans audit Siege, & de ſe
ſaiſir des livre, bilan & autres effets dudit failly, d'en faire
l'inventaire, & d'appoſer les ſeaux en ladite maiſon. A ces
cauſes, & que la ſurpriſe de cet Arreſt dudit Parlement dudit
jour 3. Septembre 1667. ne peut eſtre excuſée, puis que s'il
y a quelque choſe de veritable en ces abus & indeües exactions dont on a pretexté ledit Arreſt ; il eſt bien certain que
la connoiſſance n'en a pû & ne peut eſtre ravie auſdits Juges
Conſervateurs, comme établis en premiere inſtance Juges
naturels de la correction des malverſations des Officiers qui
leur ſont inferieurs & ſubalternes, de meſme que leſdits
Officiers dudit Preſidial le ſont de leurs Greffier & autres
Officiers & miniſtres de la juſtice dudit Siege, & par conſe-
quent naturellement incompetans pour tout ce qui concerne
l'execution tant dudit Edit d'union que des Lettres patentes
de Sa Majeſté du 23. Mars 1657. qui ont fixé les droits dudit
Greffe, & en meſme temps étably les Juges Conſervateurs,
Juges des contraventions qui y pourroient eſtre faites : Qu'à
l'égard de ce fait, du commerce, negoce & ſocieté dudit
Dandré & ſes aſſociez, l'entrepriſe deſdits Officiers dudit
Preſidial ne peut éviter le reproche de la plus formelle contravention non ſeulement auſdits Edits, Declarations & autres
titres qui ont étably cette juriſdiction deſdits Conſervateurs ;
mais encore à cet Arreſt proviſionel dudit Conſeil qui les a

main

maintenus en cette connoiſſance du fait dudit commerce deſdits Marchands & negocians en ladite Ville, & fait défenſes
aux parties de ſe pourvoir pour raiſon de ce ailleurs qu'audit
Conſeil, & qu'enfin Sa Majeſté peut aiſément juger la meſme choſe du fait de la publication de cet autre Arreſt dudit
Parlement ſur le fait deſdites voitures, & de cette banqueroute dudit Mercier, dont les entrepriſes ne ſont pas moins
formellement prohibées auſdits Officiers dudit Preſidial, &
par leſdits Edits, Declarations & Reglemens, & par cet Arreſt
& Reglement proviſionel de Sa Maieſté, de l'execution duquel il s'agit ; Requeroient leſdits Supplians qu'il plûſt à Sa
Maieſté ſans avoir égard auſdits Arreſts dudit Parlement deſdits iours 3. Septembre & 30. Decembre derniers 1667. & à
tout ce qui s'en eſt enſuivy, enſemble audit Acte de publication faite en ladite Seneſchauſſée & Preſidial, dudit iour 29.
Novembre audit an, & enfin à l'appoſition audit ſeellé, ſaiſie & inventaire des effets de la banqueroute dudit Mercier
qui ſeront caſſez & annullez, & tout ce qui s'en eſt enſuivy :
ordonner que les Commis au Greffe de ladite Conſervation
continuëront la perception de leurs droits ſuivant & ainſi
qu'ils ſont reglez tant par ledit Edit d'vnion que par les Lettres patentes de Sa Maieſté dudit iour 13. Mars 1657. aux
reſtrictions portées par la nouvelle Ordonnance de Sa Maieſté, & en cas de contravention qu'il en ſera informé par &
de l'autorité deſdits Iuges Conſervateurs, & le procés par
eux fait & parfait aux coupables ſuivant la rigueur des Ordonnances en premiere inſtance, & par appel audit Parlement de Paris : Comme auſſi ordonner que les parties procederont ſur le fait dudit commerce, negoce, & ſocieté dudit
Dandré & aſſociez pardevant leſdits Iuges Conſervateurs,
qu'il ſera procedé à la publication dudit Arreſt & Reglement
de lad. Cour ſur le fait deſdites voitures en ladite Conſervation, pour y eſtre obſervé & executé ſelon ſa forme & teneur ; & au ſurplus inceſſamment procedé à l'appoſition du
ſeellé, inventaire & vente des effets dudit Mercier, circonſtances & dépendances, par & de l'autorité deſdits Iuges

Conſer

lité Juges , Gardiens , Conſervateurs des privileges royaux des foires de ladite Ville, & leſdits de Pont-ſaint-Pierre, Vacheron-Reynon, Anniſſon, Alexandre & Philibert, Commiſſaires nommez par Sa Majeſté, & par ladite Ville pour l'exercice de ladite juriſdiction des Juges Conſervateurs conjointement avec leſdits Preuoſt des Marchands & Eſchevins, à ladite requeſte deſdits Officiers du Preſidial dudit jour 1. Aouſt dernier, ſignifiée ledit jour 3. Aouſt. Acte ſignifié à la requeſte deſdits Officiers de la Seneſchauſſée & Siege Preſidial auſdits Prevoſt des Marchands & Eſchevins de ladite ville de Lyon , & auſdits Commiſſaires nommez pour l'exercice de ladite juriſdiction de ladite Conſervation le 8. dudit mois d'Aouſt ſervant de replique à leurs réponſes. Autre requeſte preſentée au Conſeil par leſdits Prevoſt des Marchands & Eſchevins de Lyon , contenant que Sa Majeſté voulant avec plus de connoiſſance de cauſe arréter le cours & prévenir pour toûjours par vn bon & ſolemnel Reglement la continuation des entrepriſes des Officiers du Preſidial de ladite Ville ſur cette juriſdiction privative & privilegiée deſdits Juges Conſervateurs,& par ce moyen remedier au prejudice qu'en ſouffrent les Marchands de ladite Ville & autres qui y negocient ſous les privileges deſdites foires, elle rendit ſon Arreſt le 11. May de l'année derniere 1667. portant entre autres choſes que les titres concernans l'établiſſement & attribution de cette juriſdiction deſdits Juges Conſervateurs ſeroient inceſſamment apportez audit Conſeil & mis entre les mains du ſieur Puſſort Conſeiller de Sa Majeſté en ſes Conſeils,pour ce fait & leſdits titres par luy veus & examinez, eſtre à ſon rapport par Sa Majeſté en perſonne ordonné ce que de raiſon,& cependant que le jugement proviſionnel rendu par le ſieur Archeveſque de ladite Ville entre les Supplians & ledit Preſidial le 6. Mars precedant ſeroit executé ſelon ſa forme & teneur,avec défenſes auſdites parties de ſe pourvoir pour raiſon de ce ailleurs qu'audit Conſeil juſques à ce que par Sa Maieſté en euſt eſté ordonné. Mais pendant que leſdits Supplians ſe ſont mis en devoir de ſatisfaire en toute maniere audit Arreſt, il n'y a point de moyens par leſquels leſdits Officiers dudit Preſidial

C

n'ayent

n'ayent au mépris des expresses défenses y contenuës travaillé de tout leur pouvoir à se conserver par de nouvelles entreprises dans les mesmes vsurpations de cette legitime autorité desdits Juges Conservateurs. Ce qui a necessité lesdits Supplians d'en faire leur plainte à Sa Majesté par leur requeste expositive de ces diverses contraventions ainsi faites par lesdits Officiers aux défenses de Sa Majesté, tendante ladite requeste à la cassation de toutes les procedures attentatoires y mentionnées, & à ce qu'il pleust à Sa Majesté sans y avoir égard ordonner que les parties y dénommées procederont sur leurs procez & & differents dont est question pardevant lesdits Juges Conservateurs aux fins requises par ladite requeste sur laquelle sa Majesté a rendu son second Arrest le 17. May de la presente année 1668. portant entre autres choses qu'aux fins de ladite requeste lesdits Officiers dudit Presidial & autres qu'il appartiendroit, seroient assignés audit Conseil, pour parties oüyes estre ordonné ce que de raison. Ce qu'ayant esté executé, lesdites Parties ayant comparu à cette Assignation audit Conseil, il ne reste plus à cet égard ausdits Supplians que d'établir les fins & conclusions de cete requeste, par la remise des pieces & des titres qui luy servent de fondement és mains du sieur Pussort, pour en estre fait son rapport à Sa Majesté suivant & au desir dudit premier Arrest. Mais comme cette requeste desdits Supplians n'est dans la verité que de la moindre partie des chefs sur lesquels il écheoit de prononcer par l'Arrest de Reglement, par lequel Sa Majesté desire vne fois pour toutes oster pour l'avenir ausdits Officiers tous pretextes & toutes matieres à de nouvelles contentions de jurisdictions ; & qu'il est de l'interest de Sa Majesté & de celuy du public & des Supplians, qu'Elle ait la bonté de remedier à ce considerable desordre par l'Arrest contradictoire qu'Elle va prononcer sur ce differend desdites Parties. A CES CAVSES, & qu'il n'y a aucunes de ces entreprises dudit Presidial qui ne soient condamnées par la multiplicité des Edits, Ordonnances, Arrests & Reglemens qui ont étably cette jurisdiction desdits Juges Conservateurs de ladite Ville, pour la connoissance priuative de tout ce qui

concerne

concerne le fait du commerce des Marchands & negocians
dans ladite Ville fous les privileges defdites foires , & de toutes
fes circonftances & dépendances à l'exclufion dudit Prefidial
& de tous autres Juges, laquelle par vne confequence toute neceffaire appartient avec la mefme juftice aufdits Supplians
depuis qu'il a plû à Sa Majefté d'vnir cette jurifdiction defdits
Confervateurs au Corps Confulaire de ladite Ville, pour y
eftre adminiftrée fommairement & gratuitement. Et que fi
l'Edit de cette vnion du mois de May 1655. verifié & enregi-
ftré où befoin a efté , n'a pas eu tout le favorable fuccés que Sa
Majefté & fes fujets en avoient attendu à l'avantage du commerce de ladite Ville & par confequent du refte du Royaume, non feulement par la briéveté des procedures,mais encore par la diftribution gratuite de cette juftice aufdits Marchands & Negocians, il n'a pas efté au pouvoir des Supplians
de remedier à ce malheur, qui n'a eu de caufe principale que
celle de la jaloufie defdits Officiers dudit Prefidial & de leurs
entreprifes continuelles qui font naiftre journellement des conflicts entre deux Cours, dont les jufticiables fe trouvent par ce
moyen engagez en des longueurs & en des frais de pourfuites
& procedures tres-ruineux & tres-prejudiciables au bien de
leur commerce particulier & du general du Royaume. A quoy
contribuë beaucoup l'abus par lequel les charges du Subftitut
du Procureur General de Sa Majefté en l'vne & en l'autre defdites jurifdictions , ont depuis long-temps refidé en vne feule & mefme perfonne ; quoy que notoirement auffi incompa-
tibles que le font les fonctions des Procureurs poftulans pardevant lefdits Juges Confervateurs , qui font encore aujour-
d'huy exercées avec le mefme abus par les Procureurs poftulans audit Prefidial,aux fentimens duquel ils font trop inépara-
blement attachez non feulement par leur dépendance;mais encore par leur propre intereft,pour qu'ils fe foient pû difpéfer de
contribuer en toute rencontre à ces tranfports de jurifdiction
audit Prefidial ; quoy que notoirement incompetant de ces
fortes de connoiffances & attributions appartenantes aufdits
Juges Confervateurs , il pleuft à Sa Majefté , leur adjugeant les

C 2 fins

fins & conclusions de leurdite premiere requeste, ordonnerent
en tant que besoin est, que les Edits, Declarations & Reglemens
des mois de Mars 1462. Février 1514. & 1535. 19. Avril 1545.
18. Février 1578. Mars 1594. Decembre 1602. & May 1655. seront & demeureront executez selon leur forme & teneur : Ce
faisant que conformément ausdits Edits, Declarations & Reglemens lesdits Juges Gardiens & Conservateurs des privileges
des foires de ladite Ville, connoîtront privativement ausdits
Officiers en la Senefchauffée & Siege Presidial d'icelle & à tous
autres Juges, de tous procés & differends meus & à mouvoir
pour le fait du negoce & commerce de marchandises, circonstances & dépendances, soit en temps de foire ou hors de foire, & tant en matiere civile que criminelle, entre Marchands
& autres de quelque qualité & condition qu'ils soient : & en
consequence auront la connoissance privative de toutes promesses, obligations, lettres de change, & autres actes & contracts faits & passez entre Marchands tenans boutiques ou
magasins, manufacturiers, & tous autres de quelque qualité
& condition qu'ils soient pour le fait des marchandises, ne-
goces, manufactures, voitures, & negociations faites pour
raison desdites foires & marchandises, circonstances, & dépendances ; mesme de toutes societez, commissions, trocs,
changes, rechanges, virement de parties, bilans, courtages,
& generalement de toutes autres affaires entre Marchands &
Negocians, soit en gros soit en détail, & tous autres pour le
fait dudit commerce & negoce en ladite Ville. Que lesdits
Juges Gardiens & Conservateurs connoistront aussi privativement ausdits Officiers de ladite Senefchauffée & Siege Presidial & tous autres, de toutes lettres de répit, banqueroutes,
faillites, & déconfitures de quelque nature qu'elles soient ;
mesme en cas de fraude des faillits, procederont extraordi-
nairement & criminellement contre lesdits faillits, ausquels
& à leurs complices ils feront & parferont le procés suivant la
rigueur des Ordonnances, à l'exclusion de tous autres Juges.
En cas desdites faillites & banqueroutes frauduleuses ou autres, lesdits Juges Conservateurs se transporteront aux maisons

&

& domiciles defdits faillits, procederont à l'appofition des feellez , confection des inventaires , ventes judiciaires des meubles
& effets defdits faillits , & mefme de leurs immeubles par faifies, criées, certifications d'icelles , ventes & adjudications par
decrets ; enfemble à la diftribution des deniers en provenans
en la maniere accoûtumée , entre les oppofans & autres prétendans droits fur lefdits biens & effets , fans qu'aucuns d'eux
de quelque qualité & condition qu'ils foient fe puiffent pourvoir pour raifon de ce pardevant lefdits Officiers de ladite Senefchauffée & Siege Prefidial , ny ailleurs que pardevant lefdits Juges Confervateurs, fous prétexte de payement des loüages defdites maifons, gages des domeftiques , lettres de repy ,
privileges , droits de Committimus , incompetance , recufa-
tion , ou autrement en maniere qu'elle foit , à peine de nullité,
de trois mille livres d'amende , & de tous dépens, dommages
& interefts ; avec défenfes aufdits Officiers de ladite Senefchauffée & Siege Prefidial , & tous autres Juges , de prendre
connoiffance n'y s'entremettre en l'appofition defdits feellez ,
confection defdits inventaires , decrets, ventes & adjudications
defdits effets , meubles ou immeubles defdits faillits , directement ny indirectement , fous prétexte des certifications defdites criées , prévention ny autrement , fous les mefmes peines,
privation de leurs charges , & d'en répondre folidairement en
leurs propres & privez noms , ce qui fera pareillement obfervé contre les debiteurs non-faillits en execution des promeffes,
obligations , & autres actes & contracts procedans & conceus
pour fait dudit negoce & marchandifes , circonftances & de-
pendances, aux peines cy-deffus : Que lefdits Juges Confervateurs connoiftront de toutes les matieres fufdites , mefme
defdites manufactures & voitures, circonftances & dépendances , civilement & criminellement , fans qu'aucuns defdits
Marchands, Voituriers, & autres qui auront contracté lefdites obligations , promeffes , & autres actes & contracts pour
raifon des chofes & faits fufdits fe puiffent difpenfer de fubir
pour raifon de ce la jurifdiction defdits Juges-Confervateurs ,
ou fe pourvoir pardevant les Juges de leurs domiciles , ny au-

tres

tres aufquels en tant que de befoin la connoiffance en fera interdite, fur les mefmes peines : Que les Sentences & Jugemens defdits Juges-Confervateurs feront par provifion executez au principal, nonobftant oppofitions ou appellations
quelconques & fans prejudice d'icelles, au cas de l'appel, & ce
en toute l'étenduë du Royaume, fans Vifa ny Pareatis, de mefme que fi lefdites Sentences & Jugemens eftoient feellez du
grand feau de Sa Majefté ; avec défences aux Officiers des Parlemens, Prefidiaux, Senefchauffées & Bailliages, & tous autres qu'il appartiendra, d'y apporter aucun empefchement, à
peine de répondre en leurs propres & privez noms des fommes & chofes y contenuës, & de tous dépens, dommages &
interefts des parties, au profit defquelles lefdites Sentences &
Jugemens auront efté rendus : Que les Marchands & Negocians fous les privileges des foires notoirement folvables feront
comme par le paffé receus pour cautions en execution defdites
Sentences & Jugemens defdits Juges-Confervateurs, fans
qu'ils foient ny puiffent eftre tenus de donner declaration &
dénombrement de leurs biens meubles & immeubles, dont
ils feront en tant que de befoin d'abondant & de nouueau dif-
penfez, nonobftant tous Edits, Ordonnances & Reglemens à
ce contraires : Que tres-expreffes inhibitions & défenfes feront faites aufdits Officiers dudit Prefidial & tous autres Juges
de plus à l'avenir prononcer par leurs Sentences & Ordonnances en faveur de leurs jufticiables par contrainte par corps &
execution provifionnelle de leurfdites Sentences & Ordonnances, conformement aux rigueurs de ladite Confervation,
à peine de faux, trois mille livres d'amende, interdiction de
leurs charges, & de tous dépens, dommages & interefts des
parties contre chacun des contrevenans; au payement defquelles fommes en cas de contravention ils feront folidairement
contraints comme pour deniers royaux en vertu de l'Arreft
qui interviendra fur la prefente requefte, & fans qu'il foit befoin d'autre : Qu'à l'avenir lefdits Juges-Confervateurs connoiftront de toutes les matieres fufdites & autres dépendantes
de leur jurifdiction jufques à la fomme de cinq cens livres fouverainement

verainement & en dernier ressort, conformément à ce qui se
pratique dans la justice des Juges-Consuls de la ville de Paris:
auquel effet Sa Majesté leur attribuëra toute jurisdiction &
connoissance, pour estre les Sentences & Jugemens de cette
qualité executez selon leur forme & teneur, comme Arrests
de Cour souveraine: avec défenses aux parties de se pourvoir
au Parlement de Paris contre lesdites Sentences & Jugemens
par appel ou autrement, & à ladite Cour & tous autres Juges
d'en connoistre, aux peines cy-dessus: Que ledit Substitut du
Procureur General de Sa Majesté en ladite Seneschaussée &
Siege Presidial, pourveu de la mesme charge en ladite Conservation, sera tenu d'opter dans un mois pour tout delay, laquelle de ces deux charges il entend exercer à l'avenir, & en
consequence se défaire de l'autre un mois après; autrement
& à faute par luy de ce faire dans ledit temps, & iceluy passé,
celle de Substitut en ladite Conservation sera' & demeurera
declarée vacante & impetrable aux parties casuelles de Sa
Majesté, & défenses à luy faites de s'en entremettre ny d'en
faire aucune fonction à peine de faux, six mille livres d'amende, & de la perte de sondit Office de Substitut du sieur Procureur General en ladite Seneschaussée & Siege Presidial:
Qu'à l'avenir il sera par lesdits Supplians choisi & nommé tel
nombre de Procureurs postulans qu'ils jugeront necessaire
pour occuper & postuler pardevant eux privativement & à
l'exclusion de tous autres, à la charge par lesdits Procureurs
nommez de ne pouvoir postuler ny occuper en aucune autre
jurisdiction de ladite Ville, dont ils feront leurs soûmissions &
serment és mains des Supplians sous telles peines qu'il sera par
eux avisé, avec défenses aux autres Procureurs postulans en
ladite Seneschaussée & Siege Presidial de ladite Ville de s'entremettre en ce fait & fonctions desdites charges, & d'occuper pardevant lesdits Juges Conservateurs, aux peines cy-dessus & de plus grande s'il y écheoit. Que tres-expresses défenses seront faites ausdits Officiers de ladite Seneschaussée & Siege Presidial qui se trouveront dans l'exercice de cette jurisdiction desdits Juges Conservateurs, soit comme Prevost des

Marchands

Marchands ou Eſchevins de ladite Ville, ſoit comme vicege-
rans, conformement audit Edit d'vnion, de prononcer ou ordonner aucun renvoy audit Preſidial ny ailleurs d'aucunes matieres & cauſes cy-deſſus, & autres dépendantes de la juriſdiction deſdits Juges Conſervateurs à peine de nullité, quinze
cens livres d'amende, & de répondre en leurs propres & privez noms des dépens dommages & intereſts des parties : Et en
cas de contravention par leſdits Officiers dudit Preſidial, il ſera
par leſdits Supplians dés l'inſtant qu'il leur en ſera apparû, ou à
la premiere requiſition de l'Advocat & Procureur de ladite
Ville & Communauté ou de l'vne des parties, inceſſamment
par leſdits Supplians procedé au choix & nomination d'un autre Officier Advocat ou gradué au lieu & place dudit Officier
dudit Siege, auquel audit cas défenſes ſeront faites de s'entremettre en l'exercice de ladite juriſdiction deſdits Juges Conſervateurs, & y troubler celuy qui aura à cet effet eſté nommé
par leſdits Supplians ſur les meſmes peines. Et ſera ledit Officier Advocat ou Gradué leſdites inſtructions & prononciations
de meſme que les Officiers dudit Siege dans ladite juriſdiction
de la Conſervation, ſans toutefois que les vns ny les autres
puiſſent prétendre la préſeance ſur le Prevoſt des Marchands,
lequel meſme n'eſtant Gradué tiendra le premier rang & ſeance, à la forme des Baillifs & Seneſchaux dans les Bailliages &
Seneſchauſſées, à la maniere accoûtumée dans ladite Conſerv-
vation : Que les empriſonnez de l'autorité deſdits Supplians,
ſeront mis, détenus & gardez dans les priſons qui ſeront inceſſamment établies à cet effet dans l'Hoſtel commun de ladite
Ville capables & ſuffiſantes pour la détention deſdits priſon-
niers, ſuivant & conformément à l'Arreſt dudit Conſeil du
28.Novembre 1641. qui ſera executé ſelon ſa forme & teneur:
Enjoint aux ſieurs Gouverneur & Lieutenant General pour Sa
Majeſté en ladite Ville, & tous autres leurs Officiers qu'il appartiendra, de tenir & preſter main-forte à l'execution de l'Arreſt & Reglement qui interviendra, qui ſera executé ſelon ſa
forme & teneur, leu, publié & affiché par tout où beſoin ſera ;
& à cet effet toutes Lettres à ce neceſſaires expediées auſdits
Supplians.

Supplians. Et pour l'attentat, le trouble & les contraventions commifes par lefdits Officiers dudit Prefidial aux fufdits Edits, Declarations & Reglemens, & l'indeuë vexation, les condamner folidairement en fix mille livres d'amende, en tous les dépens, dommages & interefts foufferts & à fouffrir pour raifon de ce par lefdits Supplians, & en ceux de l'inftance. Ladite requefte fignée Chanu Advocat au Confeil. Au bas eft l'Ordonnance du Confeil du 4. Aouft 1668. portant qu'elle feroit communiquée aufdits Officiers & autres parties de l'inftance, pour leur réponfe veuë eftre par le Roy dans huitaine ordonné ce que de raifon. Enfuite font les fignifications qui en ont efté faites aux Advocats de toutes les parties les 4. & 6. dudit mois d'Aouft. Autre requefte prefentée au Confeil par les Prefidens, Lieutenans General, Criminel, Particulier, Confeillers, Procureur de Sa Majefté, Juges & Magiftrats en ladite Senef-chauffée & Siege Prefidial de Lyon, tendante à ce qu'il pleuft à Sa Majefté leur donner acte de ce que pour réponfe aufdites deux requeftes prefentées au nom defdits Prevoft des Marchands & Efchevins & Commiffaires de ladite Jurifdiction de la Confervation du 27. Juillet dernier, ils employoient le contenu en la prefente requefte, comme auffi de ce que lefdits Supplians n'empefchent, au contraire ils requierent la recherche des titres de ladite jurifdiction de la Confervation des foires de Lyon par toutes voyes, & qu'il plaife à fa Majefté debouter lefdits Prevoft des Marchands & Efchevins de leurdite demande à fin d'évocation generale, & du moins en cas que fa Majefté veüille la leur accorder en quelque maniere, ordonner que lefdits Supplians en joüiront tout de mefme pour tous leurs procés & ceux de leurs familles meus & à mouvoir en ladite jurifdiction de ladite Confervation; ladite requefte fignée De Seve & Gualy Advocat au Confeil : au bas de laquelle eft l'Ordonnance du Confeil du 17. Aouft dernier, portant qu'elle feroit communiquée aufdits Prevoft des Marchands & Efchevins de la ville de Lyon & Commiffaires nommez pour l'exercice de la juftice dans ladite jurifdiction, pour leur réponfe veuë dans trois jours eftre ordonné ce que de raifon.

D

Enfuite

Enſuite eſt la ſignification qui en a eſté faite à l'Advocat deſdits Prevoſt des Marchands & Eſchevins & Commiſſaires
nommez pour l'exercice de la juſtice pour ladite juriſdiction
ledit jour 17. Aouſt. Réponſe deſdits ſieurs Prevoſt des Marchands & Eſchevins de ladite ville de Lyon , & Commiſſaires
nommez pour l'exercice de ladite juriſdiction de la Conſervation des privileges des foires de ladite Ville à ladite requeſte
deſdits Officiers de ladite Seneſchauſſée & Siege Preſidial de
Lyon dudit jour 17. Aouſt. Enſuite eſt la ſignification qui en
a eſté faite auſdits Officiers le 23. dud. mois d'Aouſt. Autre
requeſte deſdits Officiers contenant qu'il eſt formellement deſ-
nié qu'ils ruinent par leurs entrepriſes les juſticiables en les
obligeant à ſoûtenir des conflicts : qu'on met en fait & qu'il
ſera verifié que depuis plus de ſoixante ans il n'y a eu aucun
conflict entre les juſticiables , ny procés en reglement entre
leſdits Officiers & leſdits Juges Conſervateurs, qu'il parut ſeulement la derniere année vne conteſtation pour raiſon de la
banqueroute du nommé Girard Teinturier , qui fut terminée
par l'accommodement fait par Monſieur l'Archeveſque de
Lyon, approuvé & homologué par Arreſt du Conſeil, qui donne tout l'avantage au Preſidial. Car ce juſticiable luy eſt délaiſſé,
l'appoſition du ſeellé & inventaire fait de quelques meubles fut
confirmée par ce jugement,qui eſt vne loy à laquelle il n'eſt pas
permis de contrevenir, en laiſſant au Conſervateur la connoiſſance des marchandiſes qui ne regarderont pas le meſtier dudit Girard ; il a eſté étably que tout homme qui fait faillite &
banqueroute n'eſt pas de la juriſdiction du Conſervateur ; puis
qu'il eſt reglé ſpecifiquement que pour fonder la competance
des Conſervateurs , ce n'eſt pas aſſez qu'vn particulier achete
& vende des marchandiſes & qu'il prenne meſme qualité de
Marchand , il faut qu'il tienne des livres de raiſon & qu'il porte
bilan:& cette reſtriction tres-judicieuſe empeſche la confuſion
& conſerve à chaque juriſdiction ce qui luy appartient naturellement, veu qu'il n'y a point d'Artiſan de la derniere & de
la plus baſſe eſpece qui ne ſe diſe Marchand Serrurier , Marchand Cordonnier, &c. Mais qu'il ne faut pas chercher des
raiſons

raifons dans le deffein que font paroiftre les Prevoft des Marchands & Efchevins, qu'il leur eft permis de tout ofer & de
tout entreprendre & qu'ils l'ont fait fans contredit jufques icy :
que par prudence on ne s'y eft pas oppofé,& que cette complai-
fance qui a fes raifons les porte à fe croire tellement au deffus
de ce qui a efté jugé contre eux, que depuis cet accommodement homologué, on juftifiera d'vn nombre infiny de Sentences par lefquelles ils y ont contrevenu. Que fur le fecond moyen concernant le bien & les avantages prétendus du negoce
qui fouffriroit notablement fi on n'accordoit pas aux Juges
Confervateurs ce qu'ils demandent, on foûtient que c'eft vn
abus de s'imaginer que ce foit vn foulagement aux Marchands
d'eftre jugez par d'autres Marchands, qu'il ne faut pour cela
que lire le plaidoyé d'Anne Robert fur cette matiere. Que ce
n'eft pas pourtant qu'on veüille donner atteinte à cette jurifdiction, car elle eft établie il y a long-temps ; Mais qu'elle doit
eftre renfermée dans fes limites. Qu'anciennement le Garde
Chancelier & Juge des Marchands prononçoit *de plano* fur le
dire des parties, mefme fans miniftere de Procureur, fans écritures d'Advocats, & fimplement fur les comptes & livres des
Marchands. Les Etrangers n'eftoient pas obligez de fe confom-
mer par les frais d'vn long fejour comme ils font à prefent, at-
tendant le jugement d'vn procés inftruit par les chicanes du
Palais,& que le Marchand qui eft Juge pour deux ans feulemét
n'entend pas & ne peut pas développer. Qu'ainfi il ne faut pas
argumenter fur l'innocence & pureté de la premiere inftitution
pour en tirer des confequences à la faveur du negoce,à caufe de
l'incapacité qui fe trouve introduite dans cette jurifdiction depuis l'Edit qui la réünit au Corps Confulaire. Mais que paffant
plus avant on foûtient que le Corps de Ville feul ruine le commerce & opprime les Marchands ; car rien ne fait valoir le negoce que l'abondance & le débit des marchandifes : & il n'eft
rien de fi oppofé à l'vn & à l'autre que l'impofition dont les
marchandifes fe trouvent chargées. Et côme le Corps de Ville
a donné lieu à ces impofitions fi grandes & fi ruineufes qu'elles augmentent certaines marchandifes de quinze à vingt pour

D 2   cent

cent ; il eſt contre verité de dire que le negoce ſoit ſoulagé par les ſoins & l'application du Corps de Ville. Qu'avant les impoſitions du tiers ſur taux & du quarantiéme, il paſſoit à Lyon plus de cent mille balles de marchandiſes qu'on n'y voit plus, & que maintenant la pluſpart s'en vont par le Détroit & les autres remontent par le Rhin : & qu'ainſi elles ſe répandent dans toute l'Europe ſans que la ville de Lyon & le Reſte du Royaume en tirent les avantages qu'ils en recevoient autrefois. Qu'ils ſoûtiennent qu'ils n'ont jamais pris connoiſſance que des affaires de leur competance qui leur ont eſté portées volontairement par les parties, ſans que l'on puiſſe juſtifier ny cotter vne ſeule cauſe qui ait eſté oſtée aux Juges Conſervateurs. Celles de Dandré & de Mercier qui ſont les ſeules qu'ils ont pû propoſer, n'eſtant aucunement de leur competance comme l'on fera voir dans la ſuite. Que ces termes d'artifice & d'vſurpation témoignent beaucoup de chaleur & d'emportement de la part deſdits Prevoſt des Marchands & Eſchevins; mais qu'on ne veut pas s'y arreſter pour ne pas tomber dans le meſme défaut : & qu'on ſe contentera ſeulement de dire qu'il n'y a rien d'étably de ce qu'on veut impoſer auſdits Officiers, & de remarquer que l'Arreſt du 21. May 1667. ne leur fait d'autres défenſes que de ſe pourvoir ailleurs qu'au Conſeil ; à quoy il n'a point eſté contrevenu de leur part, ainſi qu'ils le ſoûtiennent : & que leſdits Prevoſt des Marchands & Eſchevins ne ſçauroient montrer le contraire. Que le fait avancé au quatriéme chef des allegations deſdits Prevoſt des Marchands & Eſchevins eſt contraire à la verité, qu'il eſt dénué de toute ſorte de preuve & qu'on le ſoûtient fauſſement & calomnieuſement inventé contre des Officiers de judicature dont la reputation eſt entiere & ſuffiſamment établie: ce qui leur fait eſperer vne réparation proportionnée à l'injure qui eſt d'autant plus atroce, qu'elle attaque leſdits Officiers dans ce qui leur eſt de plus ſenſible & de plus important ; & qu'ils doivent d'autant moins ſouffrir qu'ils ſeroient indignes du caractere qu'ils ont l'honneur de porter, s'ils auoient eſté capables de commettre vne action de cette qualité. Que cette multiplicité d'injures & de calomnies pourroit eſtre repouſſée

pouſſée par des veritez qui ne ſeroient pas avantageuſes auſdits Prevoſt des Marchands & Eſchevins;mais qu'on veut éviter le reproche de ce mauvais enfant qui découvrit la hon-
te de ſon pere,& ne pas pecher par exemple. Qu'on ſe contentera de faire obſerver que par cette maniere d'agir les Prevoſt
des Marchands & Eſchevins témoignent la foibleſſe de leur
cauſe, & le peu de raiſon qu'ils ont d'attaquer leſdits Officiers qui n'employeront pour ſe juſtifier de la ſedition qu'on
leur impoſe que les actes meſmes deſquels elle eſt prétextée:
que ce ſont de ſimples ſommations conceuës en termes fort
honneſtes qu'on fut obligé de faire imprimer, pour deſabuſer
& détruire les fauſſes impreſſions que l'on avoit voulu donner
à tous les habitans de la conduite deſdits Officiers. Que le
premier chef des prétentions & demandes des Prevoſt des Marchands & Eſchevins contenuës dans la requeſte ſur laquelle
l'Arreſt du 17.May a eſté rendu,regarde principalement l'intereſt de tous les habitans ; & qu'il ſemble que ce n'eſt pas avec
leſdits Officiers que la caſſation de l'Arreſt du 3. Septembre
1667. devroit eſtre demandée.Qu'il leur importe peu hors le zele qu'ils ont pour le bien public, que celuy qui exerce le Greffe de la Conſervation continuë d'exiger des droits exceſſifs &
contre l'Edit meſme qui a uny cette juriſdiction au Corps Conſulaire : ſi bien qu'ils ne traiteront ce chef que pour le ſoulagement des pauvres plaideurs, & pour lever les impreſſions que
l'on a voulu faire naiſtre ſur ce point : Et que pour cet effet on
remarquera que par cet Edit d'union les droits du Greffe qui
fut acquis par le Corps de Ville des deniers publics quarante-
deux mille livres,ayant eſté reglez à deux ſols ſix deniers par
roolle, Thomas de Moulceau à qui la commiſſion en fut accordée gratuitement parut s'en contenter pendant deux années,
aprés leſquelles ſe trouvant reduit par les pertes qu'il avoit faites au jeu à ſouffrir vne ſeparation de biens d'avec ſa femme,
& voulant ſe rétablir, il ſurprit ſur vn faux expoſé des Lettres patentes en 1657. avec attribution de nouueaux droicts:
mais il n'oſa pas les preſenter à la Conſervation pour les faire
enregiſtrer , à cauſe de l'oppoſition qui en fut formée par les

D 3

prin

principaux negocians de ladite Ville : nonobstant laquelle il ne laissa pas, se prevalant de la complaisance des Prevost des Marchands & Eschevins, d'exiger des droits beaucoup au-delà de ceux qui avoient esté reglez par l'Edit, dont Monsieur Nau Conseiller du Parlement de Paris & Commissaire député par Sa Majesté en 1666. pour l'execution des Arrests de la Cour des Grands-Jours dans les Provinces de Lyonnois, Forests, Beaujollois & Masconnois ayant esté informé,& dressé son procés verbal, il intervint au Parlement le 3. Septembre 1667. sur le requisitoire de Monsieur le Procureur General Arrest contenant défenses audit de Moulceau de prendre d'autres droits, salaires & vacations que les deux sols six deniers pour roolle,à la forme de l'Edit,à peine de concussion ; & qu'en cas de contravention il en seroit informé par le premier des Conseillers du Parlement trouvé sur les lieux, sinon par le Lieutenant General ou particulier:Et bien qu'aprés cét Arrest il semble inutile de repliquer à ce qui a esté dit par lesdits Prevost des Marchands & Eschevins|contre cette commission; neanmoins on peut remarquer que regulierement le Parlement & les autres Cours souveraines ne commettent que les Juges ordinaires pour l'execution de leurs Arrests, & presque toûjours les Lieutenans Generaux des Sieges:& que le Parlement a eu d'autant plus de raison de commettre celuy de Lyon en ce rencontre, qu'il est le Juge-né des comptes du patrimoine de la Ville par l'Ordonnance d'Orleans,dont le Greffe,comme l'on l'a remarqué cy-devant, devroit faire vne bonne partie,ayant esté acquis.des deniers publics au prix de quarante-deux mille livres,qui est encore vn moyen pour exclure lesdits Prevost des Marchands & Eschevins de cette connoissance , parce qu'ils seroient Juges en leur propre cause, ayans interest que ledit Greffe dont ils peuuent composer vne ferme quand il leur plaira, produise des émolumens considerables , outre qu'on ne doit point attendre desdits Prevost des Marchands & Eschevins qu'ils repriment vn abus qu'ils ont introduit & toleré jusques icy à la foule des pauvres plaideurs, & qu'ils autorisent encore par la demande qu'ils ont faite par

leur

leur requeſte ſur laquelle eſt intervenu ledit Arreſt du 17.May Mais quoy qu'il en ſoit,leſdits Officiers n'ont jamais recherché ladite commiſſion : qu'ils n'y ſçauroient rencontrer d'autres avantages que de ſoulager les pauvres plaideurs;dont ils ſe rapportent à la bonté & à la Juſtice de ſa Majeſté, qui remarquera ſans doute que de tous les chefs de ladite requeſte deſdits Prevoſt des Marchands & Eſchevins, il n'y en a de jugé par ledit Arreſt du 17. May que celuy ſeul qui regarde l'augmentation des droits dudit Greffe, permettant de les exiger conformément aux Lettres patentes de 1657. Et en cela l'Edit de 1655. ſe trouue caſſé à la pourſuite deſdits Prevoſt des Marchands & Eſchevins en faveur d'vn particulier & au prejudice du public, & partant contre le devoir de leurs charges : Que le ſecond chef des demandes deſdits Prevoſt des Marchands & Eſchevins concernant l'affaire du nommé Dandré & autres Affineurs n'eſt pas beaucoup important en ſa matiere, ne s'agiſſant que de ſçauoir qui connoiſtra d'vn differend entre quelques particuliers;mais qu'il l'eſt par les ſuites & les conſequences, parce que ſi ſous prétexte de ſocieté la competance des Juges Conſervateurs pouvoit eſtre fondée, elle le ſeroit preſque ſur toutes ſortes de perſonnes, eſtant certain qu'il y a des ſocietez contractées entre Officiers, Bourgeois, Fermiers, Artiſans, & autres pour des affaires particulieres : & qu'il eſt inoüy que le Conſervateur puiſſe connoiſtre des differends qui en procedent,que l'action qui vient de ce contract eſt purement perſonnelle ſuivant les Loix, & ne peut eſtre formée que pardevant le Juge naturel, & nullement pardevant vn Juge extraordinaire comme le Conſervateur qui n'a que la ſimple faculté de juger entre certaines perſonnes & en certain cas, c'eſt à dire entre Marchands frequentans les foires & pour fait de marchandiſes livrées & payables en foires, en ſorte que Dandré,Collemieu,Clozet, Lagier,& Petit,entre leſquels eſt le procez, n'eſtans aucunement negocians ſous les privileges des foires ny portans bilan,leur ſocieté pour les comptes de laquelle ils ſe ſont pourveus au Preſidial dés le mois de Novembre dernier n'eſtant point pour fait de negoce, mais pour ſimple

travail

travail d'affinage entre artifans, les differends qui en procedent
ne peuvent jamais eftre de la competance des Confervateurs,
& doivent eftre traitez pardevant les Officiers du Prefidial ,
nonobftant l'entreprife du Commiffaire des Monnoyes qui en
la mefme affaire a rendu des Ordonnances portant défenfes
de fe pourvoir ailleurs que pardevant luy, fous de tres-grandes
peines , bien qu'il ne s'agiffe ny du fin ny du faux : & là-deffus
on a efté obligé de remarquer que lefdits Prevoft des Marchands & Efchevins n'ont point reclamé de cette entreprife,
qu'ils n'ont pas interdit les Procureurs qui ont occupé en ce
fait à la Monnoye , & que par vn procedé bien étrange ils ont
d'abord fans connoiffance de caufe , fans partie requerante ,
prononcé interdiction contre l'vn des Procureurs dudit Prefidial , feulement parce qu'il avoit figné la requefte prefentée
audit Siege par lefdits Dandré & Collemieu , & cela mefme
fans mander ny ouïr ledit Procureur, & en vn mot fans aucune
forme & contre toutes les regles ; & que s'ils n'en ont pas ainfi
vfé contre ceux qui fe font pourveus au Commiffaire des Monnoyes, c'eft qu'ils n'ont pas contre fa jurifdiction la mefme ani-
mofité que côtre celle du Prefidial, & qu'ils font d'autant moins
excufables de cette violence, que le mefme Procureur occu-
pant pour ledit Dandré en la Confervation, & propofant fon
declinatoire fur fa qualité d'Affineur , il fut renvoyé au Siege
par Sentence du mois de Novembre 1665. Ce que lefdits Officiers s'employent favorablement pour eux , & efperent que
fans s'arréter à vn Arreft du Confeil du 22. Decembre 1667.
rendu fans partie requerante & fans examiner le fonds en faveur du Commiffaire des Monnoyes contre vn autre Arreft
du Parlement de Paris rendu avec connoiffance de caufe, Monfieur le Procureur General oüy; cette affaire leur fera renvoyée,
la connoiffance de laquelle ils ont fi peu affectée , qu'on ne
trouvera pas qu'ils ayent fait aucune demarche pour fe la conferver, laiffant agir les parties & n'ayant jamais voulu former
de plaintes ny au Confeil ny ailleurs de la diftraction de leur
jurifdiction : Mais puis qu'on en a fait vn chef de demande de
la part defdits Prevoft des Marchands & Efchevins, il eft bien

juste

jufte qu'ils tâchent de conferver ce qui leur appartient legitimement : Qu'il ne fe trouvera pas que cet Arreft du 21. May
parle des voitures en aucune maniere, &y qu'il contienne aucunes défenfes finon aux parties de fe pourvoir ailleurs qu'au
Confeil, & qu'on ne trouvera pas non plus que lefdits Officiers y ayent efté affignez, ny qu'ils fe foient pourveus pour ce
fait ny pour aucun autre : mais ils foûtiennent contre la prétention defdits Prevoft des Marchands & Efchevins, que les
caufes des voitures font de leur competance, & ne leur peuvent eftre oftées : & cela pour plufieurs raifons. La premiere,
que ce font fimples falaires qui fe demandent par l'action que
les Loix appellent *ex locato & conducto*, & que cette action eft
purement perfonnelle, & ne peut eftre formée que pardevant
les Juges naturels de ceux par qui ces falaires font deus, foit
que ce foient Marchands ou autres : Qu'il eft trivial par les
propres titres des Prevoft des Marchands & Efchevins, que le
Marchand n'eft jufticiable du Confervateur que dans les trois
cas cy-deffus remarquez, pour marchandifes livrées & payables en foires, & qu'il faut que ces trois circonftances concourent, l'vne d'icelles ne pouvant pas établir la competance du
Confervateur fans eftre accompagnée & jointe aux deux autres, fuivant les Edits de l'établiffement de la jurifdiction de la
Confervation, les Arrefts du Parlement de Paris, l'vfage & le
fentiment des Docteurs, & fuivant l'accommodement fait par
Monfieur l'Archevêque de Lyon, homologué par l'Arreft du
11. May 1667. Que la feconde raifon refulte de la modicité
des fommes qui font demandées par les voituriers, lefquelles
ordinairement n'excedent pas le premier ou fecond chef de
l'Edit des Prefidiaux;en forte que c'eft vn degré de jurifdiction
évité aux pauvres voituriers & beaucoup de frais, foit de fejour ou autres, dont ils fe trouveroient accablez s'ils eftoient
obligez d'aller en premiere inftance à la Confervation,& pour-
fuivre enfuite les appellations au Prefidial. La troifiéme que
lefdits voituriers ont juftice plus prompte & autant gratuite au
fiege qu'à la Confervation ; car lefdits Officiers du Prefidial
tiennent fix Audiances la femaine où fe vuident toutes ces for-

E   tes

tes de caufes fans frais, & lefdits Juges Confervateurs n'en ont
que deux & bien fouvent qu'vne feule. Et pour quatriéme &
derniere raifon lefdits Officiers foûtiennent qu'ils font en pof-
feffion immemoriale de connoiftre de ce fait , & qu'ils l'éta-
bliront par plus de deux cens jugemens s'il eft neceffaire , fans
que jamais les Juges Confervateurs le leur ayent difputé : au
contraire , quelques parties ayant decliné pardevant eux en
cette matiere , ils les ont renvoyez par Sentences des années
1659. & 1667. ce qui a efté auffi autorifé par divers Arrefts,
entre autres celuy du Confeil du 29. Aouft 1665. où vn differend entre Voituriers & Marchands fut renvoyé au Siege. Qu'à
l'égard du chef concernant la faillite d'Oudart Mercier, lefdits
Prevoft des Marchands & Efchevins fuppofent contre verité
ledit Mercier eftre Marchand negociant portant bilan , & ne
difent pas qu'il eft proprietaire des Charges des Receveurs des
Confignations en ladite Senefchauffée & Prefidial, exercées
par Jean Baptifte fon fils jufques à leur retraite arrivée le 16
Mars dernier, lors de laquelle & le 20. du mefme mois le Lieutenant General qui n'en eut pas la connoiffance plûtoft avec le
Procureur du Roy fur la requifition de Marie Bidaud crean-
ciere defdites Confignations , fe tranfporta au domicile de
faillis & dans leur appartement qu'occupoit le fils qui feul pa-
roiffoit dans l'exercice defdites Charges , & dont les effets furent mis en feureté fans toucher à ceux du pere ; parce qu'a-
lors on ignoroit que celuy-cy euft aucune part dans la recepte
Mais le lendemain les contracts d'acquifition defdits Office
ayant efté reprefentez & inventoriez, & par iceux eftant ap-
paru que le pere eftoit proprietaire defdites Charges auffi-bie
que le fils, les effets de celuy-là furent pareillement mis fou
le feellé & depuis compris dans l'inventaire, où le premier jou
feulement le fieur du Faure qui avoit efté precedemmét Rece
veur des Confignations affifta, comme fe pretendant creanci
de notables fommes : & qu'ayant remarqué qu'il y avoit plu
fieurs pieces qui pouvoient établir fa participation & celle d
fieur Mafcranny de la Verriere Prevoft des Marchands dans l
Confignations , il ne voulut plus paroître ; mais tant luy que
fieu

ſieur de la Verriere pour tâcher d'arreſter le cours de la procedure dudit Lieutenant General, & empeſcher les éclaircif-
ſemens que les creanciers en pouvoient tirer contre eux, s'ad-
viſerent de faire naiſtre vn conflict. Et pour cela ſur la requiſition dudit ſieur de la Verriere envoyerent le 24. le ſieur
Berton l'vn des Eſchevins & Juge Conſeruateur au domicile
deſdits mercier, ſous prétexte d'vne promeſſe qu'il avoit dudit Mercier. Mais ce Juge ayant connu que ledit Lieutenant
General qui lors continuoit de proceder à l'inventaire eſtoit
ſeul competant par la qualité de Receveur des Conſignations
deſdits Mercier ſe retira, & que depuis ledit ſieur de la Verriere tâchant toûjours d'attirer l'affaire en la juriſdiction de la
Conſervation, fit faire de l'autorité deſdits Conſeruateurs vne
ſaiſie réelle ſur les immeubles deſdits Mercier : & pour té-
moigner qu'il ne croyoit pas le Preſidial incompetant, il en
fit faire vne autre de ſon autorité ſur les Charges de Receveur des Conſignations ; mais n'ayant pas eu l'effet qu'il eſ-
peroit, il a joint ce chef de ſon intereſt particulier aux autres
points de ladite requeſte, & a obtenu par ledit Arreſt des défenſes au Preſidial de connoître dudit fait , affectant de cou-
vrir ſa participation avec ledit ſieur du Faure dans les Conſignations , & d'empeſcher qu'elle ne paroiſſe pardevant des
Juges auſquels il ne luy eſtoit pas poſſible de la déguiſer : mais
ce ſera aux creanciers de la faire valoir. Cependant il eſt inoüy
que leſdits Juges Conſervateurs puiſſent connoiſtre de la faillite de deux perſonnes reuetuës des Charges de Receveurs des
Conſignations audit Preſidial, comptables des deniers publics
envers les creanciers & en vertu des jugemens dudit Preſidial,
auquel ils ſont ſoûmis naturellement, & nullement à la Conſervation, qui a meſme vn Receveur particulier des Conſignations , le fait deſquelles ne tient aucune choſe du negoce &
n'approche pas meſme de la moindre des circonſtances qui
peuvent établir la competance deſdits Juges Conſervateurs ; ſi
bien qu'il demeure étably d'vn coſté que les Officiers dudit
Preſidial ſont ſeuls competans de connoiſtre de la faillite deſdits Receveurs des Conſignations , & de l'autre que le ſieur

E 2   de

de la Verriere n'a formé ce conflict fous le nom defdits Prevoft des Marchands & Efchevins que par l'intereft qu'il a en
ladite recepte : ce qui feul quand il y auroit quelque doute, ce
qui n'eft pas, feroit capable d'exclurre lefdit Juges Confervateurs d'en connoiftre. Auffi ledit fieur de la Verriere prévoyant bien qu'il ne pouvoit pas venir à bout de fon deffein &
ne cherchant qu'à éloigner & embarraffer cette affaire, a fait
faifir réellement fous le nom dudit fieur du Faure les biens
defdits Mercier fous l'autorité des Requeftes du Palais, fur vn
prétendu Committimus qui eft fans fondement & dont ledit
fieur du Faure n'a iamais pû fe fervir, ayant mefme diverfes
fois contefté pardevant les Officiers dudit Prefidial qui efperent aprés cét éclairciffement & les pieces qu'ils ont produi-
tes, que ce chef ne recevra aucune difficulté & fera reglé à
leur avantage. Qu'ils n'empefchent pas la premiere conclufion prife par lefdits Prevoft des Marchands & Efchevins dans
leur requefte fignifiée le 4. Aouft, tendante à ce que les Edits,
Declarations, & Arrefts rendus en faveur de la jurifdiction de
la Confervation depuis 1462. jufques à 1655. foient executez
felon leur forme & teneur, aux modifications portées par les
Arrefts de verification. Qu'ils demandent mefme fpecifique-
ment l'execution de celuy de 1655. dont lefdits Prevoft des
Marchands Efchevins fe départent fur la fin de leur requefte,
prenant diverfes conclufions pour en détruire & aneantir les
principaux chefs. Que l'on convient que lefdits Juges Confervateurs doivent connoître de tous procés entre Marchands
pour fait de negoce : mais l'on foûtient que de cét article doivent eftre retranchez ces mots (de circonftances & dépendances entre Marchands & autres de quelque qualité & condition qu'ils foient.) Que ces derniers termes pareillement in-
ferez en quelques articles qui fuivent, dépoüillent toute forte
de Juges des connoiffances qui leur font les mieux acquifes:
Car qui ne fe trouvera foûmis & enveloppé fous la jurifdiction des Marchands, que des circonftances & dépendances
non expliquées dépendront de leur caprice ? Et qui eft l'Eccle-
fiaftique, le Gentilhomme, l'Officier & l'Artifan qui ne foit

compris

compris fous ces termes , & autres de quelque qualité & condition qu'ils foient ? Que par tous les Edits, Declarations , Arrefts & autres titres, lefdits Juges Confervateurs n'ont efté établis que pour connoiftre des differends entre Marchands &
pour fait de marchandifes. Que c'eft ainfi que Monfieur l'Ar-
chevefque de Lyon l'a reglé par fa Sentence du 6. Mars 1667.
à laquelle toutes les parties ont acquiefcé, & qui a efté homologuée par Arreft du Confeil du Commerce du 21. May fui-
uant, conformément à ce qui s'eft toûjours pratiqué; Et à l'Arreft du 7. Septembre 1610. qui prohibe en termes exprés au
Juge Confervateur de connoiftre du fait de marchandife entre autres que Marchands, non pas mefme du confentement
des parties;fur quoy l'on rapportera encore l'autorité de Mor-
nac fur la loy vnique, au Code *de nundinis & mercationibus*:où
il eft dit que pour que le Juge Confervateur foit competant il
faut que *fit pro re nundinarum debitum contractum inter merca-*
tores , quorum affiduum in nundinis fit commercium, atque vt de-
ftinata fit ad nundinas folutio. Et il adjoûte qu'il faut que ces
trois circonftances fe rencontrent,& qu'il ne fuffit pas *vt fola fit*
folvendi deftinatio in nundinis , aut vt fit inter mercatores debi-
tum,qu'il faut que toutes trois concourent. Lefdits Prevoft des
Marchands & Efchevins n'ont jamais prétendu davantage , &
l'on fe fert fur ce point contre eux de leurs Edits & Arrefts , &
d'vn livre mefme qu'ils ont fait imprimer & qu'ils intitulent le
Style de la Jurifdiction de la Côfervation,où en divers endroits
ils reftraignent leur connoiffance aux differends entre Marchands & pour fait de marchandifes. Que l'article fuivant de
la demande defdits Prevoft des Marchands & Efchevins ne
doit faire aucune difficulté entre lefdites parties, s'ils fe veulent contenter de ce qui leur eft attribué par les Edits, Declarations & Arrefts , qu'on ne leur contefte pas , & fuivant ce qui
a efté reglé par la Sentence du 6. Mars 1667. homologuée par
l'Arreft du 17. May : en forte que tous les differends qui nai-
ftront pour fait de negoce entre Marchands de la qualité,& qui
auront les conditions portées par ladite Sentence , leur appar-
tiendrôt,à la referve toutefois des voitures & manufactures par

E 3

les

les raisons cy-devant déduites:& que les voituriers,ouvriers,&
artisans ne peuvent jamais estre , ny avoir la qualité d'vn Marchand justiciable de la Conservation.Que s'ils prétendent aug-
menter leur jurisdiction & l'étendre sur toutes sortes d'artisans,
ouvriers, & autres personnes,& qu'ils ne se restraignent pas au
fait de negoce & à ce qui concerne la marchandise ; ce sont des
noūueautez qui n'ont de fondement que l'ambition & l'avidité
de leur Greffier , & ausquelles l'on oppose qu'elles sont contraires aux Edits , Declarations & Arrests, dont neanmoins
ils demandent l'execution : Que l'Ordonnance défend ex-
pressément d'accorder des Lettres de répy aux Marchands,
& ils en obtiennent assez rarement , du moins ceux qui par les
qualitez cy-dessus remarquées sont justiciables de la Conservation : mais quand cela arrive , elles se trouvent pour l'ordinaire adressées au Parlement & autres Cours souveraines, parce que ce sont des Jugemens universels dans lesquels toutes
sortes de personnes sont attirées,& qu'il ne seroit pas juste que
des Officiers , Bourgeois & autres fussent obligez de quitter
leur Juge naturel pour celuy du Marchand qui en ce fait est de-
mandeur , & par consequent doit suivre le Tribunal de celuy
qui l'attaque : Que le chef des banqueroutes n'a jamais esté
contesté pour les faillites & banqueroutes faites par Marchands
& Banquiers, & que ce sont les seuls faillis justiciables du Conservateur , ainsi qu'il est porté par le Liure intitulé , Style de la
Jurisdiction Royale de la Conservation fol. 49.   Que l'on ac-
corde pareillement la demande suivante , conformément à ce
qui a esté jugé par l'Arrest de la Cour de Parlement du 7. Septembre 1610. qui porte en termes exprés , que le Marchand
creancier pourra contre son débiteur failly faire proceder par
saisie des immeubles, & iceux mettre en criées qui seront certifiées pardevant le Seneschal de Lyon,esquelles si surviennent
des oppositions à fin de distraire d'autres non justiciables dudit Conservateur , elles seront jugées par le Seneschal ou son
Lieutenant ; & icelles jugées , pourra ledit Conservateur proceder à la vente & adjudication desdits immeubles : Que cet
Arrest a toûjours servy de Reglement general aux deux jurisdictions :

diĉtions : Qu'il ne ſe trouvera pas qu'il ait eſté caſſé par aucun
poſterieur, ny qu'on y ait dérogé : Que leſdits Prevoſt des
Marchands & Eſchevins ſe contentent de demander ſans fonder leurs prétentions ſur aucune autorité, vſage ny raiſon :
Qu'ils veulent que toutes les dépendances d'vne faillite leur
appartiènnent : & que cependant par tous les Arreſts & Reglemens, & entre autres celuy du 7. Septembre 1610. les liqui-
dations des droits des femmes, les ſalaires des domeſtiques, les
loüages, & les demandes pour alimens ont toûjours eſté pour-
ſuivis pardevant les Juges ordinaires : & qu'aprés ces liquida-
tions, les privileges jugez, les debtes eſtant certaines, les creanciers ſont colloquez ſur les deniers provenus de la vente des
biens du banqueroutier par les Sentences d'ordre du Conſervateur : qu'ainſi de meſme l'on ne fait pas difficulté au Siege
Preſidial de colloquer vn creancier dans vn Jugement d'ordre
ſur vne Sentence par luy obtenuë à la Conſervation : Que ſi
l'article qui ſuit avoit lieu, conformément à l'intention de l'auteur de la requeſte, il n'y auroit plus de decrets que de l'autorité du Conſervateur : car on ſçait, & c'eſt vne choſe triviale,
que toutes les promeſſes à Lyon ſe font par toutes ſortes de
perſonnes & ſe ſtipulent payables en payemens : & qu'il y a
bien peu de débiteurs reduits à cette extremité de voir leurs
biens ſaiſis, qui ne ſoient obligés envers quelques Marchands;
& qu'ainſi les biens d'vn Gentilhomme, Officier, Bourgeois, ou
autre que Marchand, ſe trouvant ſaiſis en vertu d'vne obligation ou jugement de l'autorité dudit Siege Preſidial, ſous prétexte qu'vn autre créancier en vertu de ſa promeſſe reconnuë
ou de ſon obligation cauſée pour délivrance de marchandiſes
ſeroit intervenu, il faudroit renvoyer à la Conſervation : ce qui
ſeroit vne choſe inoüye & qui n'a pas eſté encore imaginée :
car ç'a toûjours eſté la qualité de la perſonne du débiteur qui
a étably la competance des Juges : Qu'on a répondu cy-devant à l'article par lequel on demande l'attribution des circonſtances & dépendances, qui n'a aucun fondement non
plus que la pluſpart des autres, que ces termes de circonſtances & dépendances embraſſent tout & fourniroient matiere à

des

des conflicts continuels s'ils ne sont retranchez entierement ou restraints conformément aux Edits & Arrests : Qu'on n'a jamais disputé aux Juges Conservateurs l'execution de leur Jugement aux termes des Edits , & l'on se rapporte à eux de les faire valoir dans tous les ressorts des Parlemens , & au bout du monde s'ils veulent : Que le chef par lequel on demande que les Marchands notoirement solvables seront receus pour cautions sans estre obligez de donner dénombrement de leurs biens meubles & immeubles est accepté , & qu'il n'est pas de l'invention de l'auteur de la requeste : qu'il y a long-temps qu'on en avoit donné les memoires pour l'obtenir de Sa Majesté avec quelques autres articles tres-importans pour l'avantage de la ville de Lyon , faisant sur ce point remarquer l'impossibilité où se trouueroient les Marchands de donner vn dénombrement de leurs biens ; car ils n'en ont pas de plus solides qu'vn fonds inconnu qui se trouve en leur credit & leur reputation : Qu'on ne sçauroit faire voir que lesdits Officiers du Presidial ayent jamais rien entrepris au delà de leur pouvoir , ny qu'ils ayent manqué à executer l'Ordonnance , les Arrests & Reglemens : Que les Prevost des Marchands & Eschevins n'ont pas bonne-grace de vouloir estre les reformateurs de la conduite desdits Officiers qui sont gens d'honneur & qui ne manquent pas de lumieres pour faire leurs charges : Que la prétention desdits Prevost des Marchands & Eschevins de connoistre souverainement de toutes les matieres qu'ils demandent & autres dépendantes de leur jurisdiction jusqu'à la somme de cinq cens livres , est vne nouveauté sans fondement & contraire aux Edits d'établissement de la jurisdiction des Juges Conservateurs , qui ne leur peut estre accordée par aucune raison. Et si les Roys predecesseurs de Sa Majesté ont voulu par des motifs particuliers attribuer aux Juges-Consuls de la Ville capitale du Royaume vn pouvoir plus étendu qu'aux Juges Conservateurs de la ville de Lyon , qu'il ne faut pas en tirer consequence pour celle-cy, n'y s'imaginer que ce qui a esté fait pour l'vne se doive accorder à l'autre par le seul motif d'vne application de pouvoir dans lequel les Sujets de Sa Majesté ne trouveront

veront aucun foulagement : car par l'Ordonnance les affaires
fommaires fe devant toutes juger à l'Audiance , & par confequent fans épices , celles au deffous de cinq cens livres eftant
prefque toutes de cette nature , lefdits Juges Confervateurs ne
peuvent oppofer leur juftice gratuite qui ne l'eft pas pour le
furplus ; car le Greffe & les autres droits y font plus grands
qu'au Siege. Mais de plus il eft inoüy qu'on dépoüille des Juges de leurs fonctions legitimes par l'avidité des autres fans rem-
bourfement & fans dédommagement : que l'on ne fouffrira pas
fans doute vne demande de cette qualité contre des Officiers de
Judicature qui ne font point à charge aux finances du Roy, &
qui rendent la juftice avec integrité & defintereffement , outre que l'on peut dire qu'il eft perilleux de donner à de fimples
Marchands qui ne demeurent Juges que pendant deux années,
foûtenus de toute l'autorité des Prevoft des Marchands & Efchevins , celle de prononcer en aucun cas fouverainement.
Que l'on laiffera dire au Procureur du Roy les raifons pour lefquelles il n'y a pas feulement apparence de divifer fes deux
charges : l'on remontrera feulement qu'il y va du bien public de
ne pas fouffrir cette feparation : que cet Officier ayât les mefmes
fonctions dans l'vne & dans l'autre des jurifdictions , ne peut
eftre animé d'aucun efprit de partialité, fon intereft propre mefme ne l'y obligeant pas : qu'il referve à chaque jurifdiction ce
qui luy appartient legitimement , & ne s'amufe pas contre fon
devoir & fa confcience à dêpoüiller la Confervation pour revétir le Siege : ce qu'on ne fçauroit juftifier avoir efté fait en aucun
rencontre. Mais lefdits Prevoft des Marchands & Efchevins ne
prennent pas garde qu'en cet article ils travaillent contre les
deffeins apparens dont ils couvrent leurs interefts particuliers :
car feignans de fe plaindre des conflicts continuels dont ils ne
fçauroient juftifier qu'un feul ait produit vne conteftation re-
glée entre des particuliers , ils veulent par la divifion de ces
deux charges en voir naiftre journellement. C'eft à quoy fans
doute le Roy ne permettra pas que fes fujets foient expofez, &
ne voudra pas détruire l'Edit de 1655. qui conferve & confir-
me le Procureur du Roy dans toutes fes fonctions. Que la fup-

F

preffion

preſſion des Procureurs & la faculté d'en créer de nouveaux qui compoſe la concluſion ſuivante, eſt le ſecond moyen pour ne voir que des conflicts en cette juriſdiction : car ce ſera vn effet infaillible de l'avidité des nouveaux Procureurs, & celuy d'un reſſentiment bien naturel en la perſonne de ceux que l'on veut dépoüiller : & qu'en l'vn & l'autre le bien du ſervice du Roy & celuy de ſes Sujets ne ſe rencontrent pas ; mais qu'il ſuffit de dire que ce chef eſt directement contre l'Edit de 1655. qui conſerve expreſſément les Procureurs pour poſtuler en l'vne & en l'autre juriſdiction : que le penultiéme chef deſdites demandes des Prevoſt des Marchands & Eſchevins peut eſtre diviſé en quatre. Dans le premier on veut que défenſes ſoient faites aux Officiers dudit Preſidial appellez à la Conſervation, de prononcer aucun renvoy és matieres que l'on prétend eſtre de la competance de cette juriſdiction. Pour réponſe à ce chef l'on dira que c'eſt proprement vouloir bannir les declinatoires du Tribunal de la Conſervation, quoy que ce ſoit vne exception naturelle & permiſe par toutes les Ordonnances, & ſur laquelle il eſt enjoint par la nouvelle de faire droit avant toutes choſes. Mais l'on veut aneantir la juriſdiction ordinaire, & que les particuliers ne puiſſent pas demander leur renvoy,& qu'ainſi tout le monde renonce à ſes droits & à ſes privileges, afin qu'il n'y ait plus d'autre Tribunal que celuy de la Conſervation,ny d'autre autorité que celle des Prevoſt des Marchands & Eſchevins. Le ſecond chef de cet article porte vne interdiction & vne deſtitution honteuſe à l'Officier qui aura prononcé vn renvoy, ſoit qu'il ſoit de juſtice ou non. L'on ne croit pas qu'il y ait aucun Officier qui ſe veüille expoſer à ſe voir deſtituer par des Marchands,& qu'il n'y a point de raiſon à ceuxcy de le prétendre. Mais quand il y auroit quelques apparences dans ce chef de concluſion qu'on peut appeller impertinent, pourquoy ſervir contre celuy qui aura prononcé peut-eſtre contre ſon ſentiment à la pluralité & par l'avis des Marchands, conformément à l'Ordonnance qui le luy enjoint ? Il y auroit autant de raiſon à deſtituer l'Huiſſier qui auroit appellé la cauſe & le Procureur qui l'auroit plaidée, & d'empriſonner meſ-

me

me la partie qui auroit demandé fon renvoy. Par le troifiéme chef le Confulat veut qu'il luy foit permis de nommer tel Gradué & Advocat que bon luy femblera. Et par le quatriéme, que le Prevoft des Marchands non gradué demeure en fa place, à l'inftar des Baillifs & Senefchaux. Que ces deux prétentions font formellement contraires aux termes de l'Edit de 1655. qui veut expreffément que lors qu'il ne fe trouvera aucun Officier gradué entre lefdits Prevoft des Marchands & Efchevins, il foit nommé l'vn des gens tenans le Siege Prefidial à Lyon pour prefider & inftruire conjointement avec les autres Juges, & que l'Efchevin gradué prefide & inftruife tant & fi longuement que le Prevoft des Marchands ne fe trouvera Officier gradué. Que l'on comprend au ferment les raifons fecretes qui obligent lefdits Prevoft des Marchands & Efchevins à faire l'autre demande; mais l'on fe difpenfera de les expliquer, & l'on dira feulement qu'elles ne font ny juftes ny raifonnables. Auffi n'appuyent-ils cette nouveauté d'aucun moyen fpecieux ou apparent, il leur fuffit d'avancer qu'il leur faut des prifons particulieres, fans neanmoins fe plaindre que celles du Roy qui font les feules qu'on a veu dans la Ville jufques icy ne leur foient pas propres ny commodes : ils n'oferoient articuler qu'ils ayent rien fouffert de ce cofté-là, leurs prifonniers ont efté gardez auffi foigneufement & ont eu le mefme traitement que tous les autres : Ainfi cette conclufion n'eftant appuyée d'aucune raifon ny titre, il n'en faut pas davantage pour la détruire. REQVEROIENT A CES CAVSES, qu'il plûft à Sa Majefté déclarer les Prevoft des Marchands & Efchevins & autres Commiffaires en ladite jurifdiction de la Confervation non recevables, en tout cas mal fondez en leurfdites requeftes, les debouter d'icelles avec dépens, & les condamner à faire reparation telle qu'il plaira à Sa Majefté aufdits Officiers, pour les termes injurieux & temeraires dont ils ont vfé contre leur honneur. Ladite requefte fignée de Seve & Gualy Advocat, au bas de laquelle requefte eft l'Ordonnance du Confeil, portant qu'elle feroit communiquée aufdits Prevoft des Marchands & Efchevins & autres

Commif

Commiſſaires de la juriſdiction de la Conſervation, pour leur réponſe veuë dans trois jours eſtre ordonné ce qu'il appartiendroit. Enſuite eſt la ſignification qui a eſté faite à l'Advocat deſdits Prevoſt des Marchands & Eſchevins & Commiſſaires ledit jour 17. Septembre audit an. Autre requeſte preſentée au Conſeil par leſdits Prevoſt des Marchands & Eſchevins le 27. Octobre 1668. ſervant de réponſe à la requeſte deſdits Officiers dudit jour 17. Septembre & de contredit contre leur production, & afin de reception des pieces y mentionnées au nombre de quarante-huit. Au bas eſt l'Ordonnance qui donne acte de l'employ & reçoit leſdites pieces ſignifiées le 27. Octobre. Celle preſentée au Conſeil par Paul Maſcranny Eſcuyer Seigneur de la Verriere, contenant que luy eſtant deu de grandes ſommes payables en payemens, c'eſt à dire aux foires de Lyon, par Oudart Mercier Marchand Banquier qui a fait faillite, ledit Suppliant a donné le 23. Mars 1668. Requeſte à la Conſervation de Lyon, afin que l'vn des Juges d'icelle ſe tranſportaſt en ſa maiſon pour faire inventaire de ſes effets & marchandiſes, & eſtre pourveu à la ſeureté d'iceux : ce qui auroit eſté ordonné. Et depuis par autre jugement de ladite Conſervation du 27. deſdits mois & an luy auroit eſté permis de faire arreſter vn nommé Goullard, qui pouvoit donner quelque éclairciſſement de ladite faillite & deſdits effets ; enſuite dequoy le 6. Avril ayant ſommé le Commiſſaire aux ſaiſies réelles de ladite Ville de luy fournir un extrait de l'enregiſtrement de l'oppoſition qu'il avoit formée ſur les effets dudit Mercier, il luy a rendu ſon acte d'oppoſition ſans enregiſtrement, diſant que le meſme jour il en avoit receu vn autre qu'il avoit enregiſtré par ordre du Lieutenant General, & ce pour attirer l'affaire audit Preſidial & l'oſter aux Iuges Côſervateurs, leſquels eſtans en droit de connoiſtre de tous les billets des Negocians Banquiers & gens faiſans commerce par vne infinité d'Edits, Declarations & Arreſts, ſe ſont pourveus au Conſeil afin d'avoir vn Reglement avec les Officiers dudit Preſidial, & obtenu Arreſt ſigné en commandement le May 1668. par lequel entre autres choſes il eſt ordonné que les parties ſeront aſſignées audit Conſeil, &

cepen

cependant que toutes pourſuites ſurſoiroient tant audit Preſidial qu'en ladite Conſervation pour raiſon du negoce & ſocieté du nommé Dandré & conſorts, & faillite dudit Mercier, juſques à ce qu'autrement par Sa Majeſté parties oüyes
en ait eſté ordonné:en vertu duquel Arreſt le Suppliant ayant
appris que les parties qui ont eſté aſſignées ſe ſont preſentées
au Greffe du Conſeil, & qu'il y a lieu de craindre que le Reglement à faire ne traîne & ne dure long-temps par les inſtructions des inſtances à l'ordinaire dont la longueur qui ſera ſans
doute affectée en ce rencontre le ruineroit; il ſe trouve neceſſité tant pour ſes intereſts particuliers que pour le bien de la
juſtice de l'empeſcher. C'eſt pourquoy attendu qu'il a au Reglement qui eſt à faire, à cauſe des grandes ſommes qui luy
ſont deuës, autant & plus d'intereſt que qui que ce ſoit en
particulier, & de proceder à la Conſervation : que ce Reglement ne dépend que de la veuë & lecture des pieces & titres
des parties qui peuuent eſtre rapportez, & d'iceux pris com-
munication,par les mains de Monſieur le Commiſſaire ſans autre inſtruction, ainſi que le Conſeil l'a reconnu juſte par l'Arreſt que Sa Majeſté a rendu le 21.May 1667. qui ordonne que
les titres concernans l'établiſſement & attribution de la juriſdiction de la Conſervation des privileges royaux des foires de
la ville de Lyon ſeront inceſſamment rapportez & mis és
mains de Monſieur Puſſort pour eſtre par luy veus & examinez,& enſuite ordonné audit Conſeil ce que de raiſon ; & cependant le jugement du 6. Mars 1667. donné par Monſieur
l'Archevelque de Lyon ſeroit omologué & executé : Requeroit le Suppliant qu'il plûſt à Sa Majeſté le recevoir partie intervenante au Reglement qui eſt à faire ; & faiſant droit ſur
ſon intervention,renvoyer les procez & differends des parties,
circonſtances & dépendances,pardevant les Juges Conſervateurs de ladite Ville : auec défenſes au Preſidial de Lyon & à
tous autres Juges d'en connoiſtre, ſinon au Parlement par ap-
pel:ladite requeſte ſignée Bernier Advocat au Conſeil. Au bas
eſt l'Ordonnance portant qu'elle ſeroit communiquée auſdits
Officiers du Preſidial de Lyon & Juges Conſervateurs de ladi-

F 3   te

te Ville, pour leur réponse veuë dans trois jours estre ordonné
ce que de raison, du 7. Aoust 1668. Ensuite est la signification
faite audit Gualy Advocat. Autre requeste presentée au Conseil par ledit Mascranny, à ce que pour les causes y contenuës
il plûst à Sa Majesté, faisant droit sur son intervention, renvoyer les parties pardevant lesdits Juges Conservateurs pour
y proceder sur leurs procés & differends meus & à mouvoir
au sujet de la faillite dudit Mercier, circonstances & dépendances, faire défenses ausdits Officiers du Presidial & tous autres d'en connoistre, & les condamner aux dépens : ladite requeste signée Bernier Advocat. Acte par lequel ledit Bernier
audit nom a declaré à l'Advocat desdits Officiers dudit Presidial de Lyon, qu'il avoit mis ses requestes és mains du sieur
Pussort Conseiller de Sa Majesté en ses Conseils, pour estre
receu partie intervenante en l'instance d'entre lesdits Officiers
du Presidial & les Juges de la Conservation dudit lieu, pour
estre fait droit sur son intervention : ledit Acte signifié le 10.
Novembre dernier. Celle presentée au Conseil par François
du Faure Conseiller de Sa Majesté, Receveur general ancien
des Gabelles de Lyonnois, contenant que luy estant dû des
sommes notables par Oudart Mercier Banquier, bourgeois de
Lyon,& Iean-Baptiste Mercier son fils Receveur des Cõsigna-
tions,& Pierre Jarsaillon de la ville de Lyon, il auroit fait saisir
réellement sur eux quelques maisons & heritages sis en ladite
Ville & és environs, & les Offices de Receveurs des Consignations d'icelle dont il auroit poursuiuy les criées aux Requestes du Palais à Paris en vertu de son Committimus : sur
lesquels Offices il a vn privilege special comme les ayant vendus ausdits Mercier qui ne les ont pas payez : tant s'en faut le
Suppliant pour les conserver a acquitté pour eux plusieurs debtes à divers creanciers colloquez vtilement. Mais comme
lesdits Mercier se sont absentez & qu'il a esté procedé au séel-
lé de leurs biens par les Officiers de la Seneschaussée & Siege
Presidial de ladite Ville, cela auroit donné lieu aux Prevost
des Marchands & Eschevins d'icelle Ville de bailler requeste
au Conseil, expositive que la jurisdiction des Juges Conservateurs

teurs a depuis quelques années esté vnie au Corps Consulaire,
& qu'en cette qualité la connoissance de tout ce qui concerne
les Marchands de ladite Ville leur appartient : que neanmoins
le Lieutenant general de ladite Ville ayant appris la faillite
dudit Oudart Mercier tenant livre & bilan dans ladite Ville ,
auroit apposé ledit seellé lequel lesdits Prevost des Marchands
& Eschevins soûtiennent leur devoir appartenir : & ayans demandé d'estre conservez dans leurs privileges & jurisdiction ;
seroit intervenu Arrest le 17. May dernier, portant qu'aux fins
de leur requeste les Officiers dudit Presidial & autres qu'il appartiendra seront assignez au Conseil au mois , pour parties
oüyes estre ordonné ce que de raison : lequel lesdits Prevost
des Marchands & Eschevins ont le 1. Juin 1668. fait signifier
au Suppliant , & en vertu d'iceluy donné assignation au Conseil qui se trouve par ce moyen saisi des differends des parties, & sous ce prétexte le cours desdites criées est interrom-
pu. Ce qui oblige le Suppliant de representer à Sa Majesté ,
que la jurisdiction de la Conservation estant bien établie à l'é-
gard de tous ceux qui se sont meslez de negoce & tenu livre
& bilan , & ledit Oudart Mercier estant notoirement de cette
qualité, le Suppliant consent d'y continuer les criées desdites
maisons & heritages d'autant plus volontiers que les poursuites
s'y sont sans frais. Mais si Sa Majesté fait difficulté de renvoyer
lesdites criées à la Conservation , le Suppliant soûtient que le
renvoy n'en peut estre fait qu'ausdites Requestes du Palais, attendu le privilege du Suppliant, qui ne luy est pas contesté :
outre que le Suppliant ne peut proceder au Presidial de Lyon,
à cause que presque tous les Officiers dudit Siege se trouvent
creanciers desdits Mercier. Mais à l'égard desdits Offices des
Consignations , comme le Suppliant n'a pas tant d'interest d'en
poursuivre les criées que d'établir son privilege sur lesdits Offices qu'il a vendus ou qu'il a liberez par le moyen des payemens qu'il a faits à divers particuliers qui l'ont subrogé en leur
lieu : lequel privilege il ne peut mieux établir qu'au Conseil ,
attendu la qualité dudit privilege, & que le Conseil se trouve
saisi des differends des parties au moyen des assignations qui y

ont

ont esté données à la requeste desdits Prevost des Marchands & Eschevins, le Suppliant a esté conseillé de bailler la presente requeste au Conseil, tant pour réponse à la poursuite desdits Prevost des Marchands & Eschevins de Lyon, que pour demander commission pour y faire assigner tous les opposans & prétendans droit sur lesdits Offices de Receveurs des Consignations. A CES CAVSES requeroit ledit Suppliant, qu'il plûst à Sa Majesté luy donner acte de ce que pour réponse à la requeste desdits Prevost des Marchands & Eschevins de la ville de Lyon, il consent en tant qu'à luy est, de continuer la poursuite des criées des maisons & heritages saisis sur lesdits Mercier & Jarsaillon en la jurisdiction de la Conservation, où il plaira à Sa Majesté renvoyer lesdites criées; sinon où Sa Majesté feroit difficulté de faire ledit renvoy en ladite Conservation, le vouloir faire ausdites Requestes du Palais à Paris où lesdites criées ont esté commécées, en vertu du privilege du Suppliant qui n'est point contesté, le Presidial n'en pouvant connoistre à cause que presque tous les Officiers d'iceluy sont creanciers desdits Mercier. Et à l'égard desdites charges des Consignations, ordonner que tous les creanciers d'icelles ou prétendans droit, seront assignez au Conseil pour voir dire & ordonner que le Suppliant sera payé par préference & privilege special de toutes les sommes à luy deuës par lesdits Mercier pour le reste du prix desdites charges, mesme des sommes qu'il a payées en l'acquit desdits Mercier ausdits creanciers desdites Consignations, tant en principal, interests, que dépens, pour ensuite lesdites charges estre baillées pour les prisées au Suppliât sur-&-tant-moins ou jusques à la concurrence du deu:ladite requeste signée Poudreau Advocat au Conseil : au bas de laquelle est l'Ordonnance du Conseil du 4. Septembre 1668. par laquelle auroit esté donné acte. Ensuite est la signification de ladite Ordonnance ausdits Gualy & Chanu Advocats desdits Prevost des Marchands & Eschevins de ladite Ville & dudit Presidial le 11. Septembre 1668. Celle presentée au Conseil par les Procureurs postulans en la Seneschaussée & Siege Presidial de Lyon, en la jurisdiction de la Conservation des privileges des foires & autres

tres jurifdictions Royales de ladite Ville,contenãt qu'on n'a jamais oüy parler qu'il y euft incompatibilité en des Procureurs
de poftuler en diverfes jurifdictions,puis qu'ils ne s'employent
qu'à fervir le Public, & qu'ils n'ont aucune affectatiõ ny intereft
de proceder pluftoft dans les unes que dans les autres de ces ju-
rifdictions.Auffi eft-il vray que depuis deux cens ans que la jurifdiction de la Confervation des privileges des foires eft établie à Lyon,les mefmes Procureurs qui ont poftulé en la Senefchauffée ont auffi poftulé à la Confervation & aux autres jurifdictions Royales fans avoir efté troublez en leurs fonctions,
quoy que pendant ce temps il foit fouvent arrivé des differends
entre le Senefchal & le Confervateur , pour eftre reglez des
matieres que les uns & les autres prétendoient eftre de leur
connoiffance. En effet dans les commencemens de l'établiffement de cette jurifdiction les charges de Procureurs poftulans
n'eftoient 'pas erigées en titre d'Office : cette érection fut feulement faite fous le regne de Loüys XIII.d'heureufe memoire,
en confequence de laquelle les Supplians quoy que foient leurs
auteurs , furent tous obligez de payer vne finance au delà de
leurs forces : moyennant quoy ils furent pourveus par Lettres
de l'Office de Procureur-poftulant , non feulement en la Senefchauffée , mais encore à la Conferuation , & autres jurifdictions Royales de ladite Ville : ce qu'ils ont toûjours fait avec
tout l'honneur & toute l'integrité poffible. Cependant ils font à
prefent inquietez, & ils ont efté affignez pardevant Sa Majefté
pour proceder aux fins d'vne requefte des fieurs Prevoft des
Marchands & Efchevins,Prefidens & Juges-Gardiens,Confer-
vateurs des priuileges des foires,prefentée au mois de May dernier,dans laquelle ils fe plaignent des entreprifes faites fur leur
jurifdiction par les Officiers de la Senefchauffée & Siege Prefidial de Lyon, en quoy la communauté des Supplians n'a aucun
intereft : & auffi n'eftoit-il point ordonné par l'Arreft qu'ils feroient affignez : & il n'eftoit point neceffaire que dans pareils
differends de Reglement l'on engageaft les Procureurs-poftulans qui ne font autre chofe que fervir leurs parties de leur miniftere, & qui ont efté & feront toûjours prefts d'obferver ces

G

mefmes

meſmes Reglemens. De plus, il n'y a point du fait de la communauté deſdits Procureurs dans aucun des chefs de la premiere requeſte deſdits ſieurs Prevoſt des Marchands & Eſchevins Juges-Conſervateurs : & s'il avoit eſté pourſuivy quelque choſe par des Procureurs particuliers ſans aucune deliberation de la communauté, s'il s'y trouvoit de la faute, elle ſeroit purement perſonnelle, & ces particuliers ſeroient ſeuls coupables, ſans que pour raiſon de cela le general de la communauté en deuſt ſouffrir. C'eſtoit auſſi ce qui faiſoit eſperer aux Supplians, que cette premiere requeſte n'auroit aucune ſuite : mais par vne ſeconde requeſte du 14. Aouſt les Supplians ont connu l'intention deſdits ſieurs Prevoſt des Marchands & Eſchevins, qui tend à les priver & dépoüiller de la meilleure partie des fonctions de leurs charges pour leſquelles ils ont financé. Car outre leurs concluſions ils demandent qu'il leur ſoit permis de choiſir & nommer tel nombre de Procureurs-poſtulans qu'ils jugeront neceſſaire pour occuper & poſtuler pardevant eux à l'excluſion de tous autres ; avec défenſes auſdits Supplians de s'entremettre de poſtuler à ladite Conſervation : Leſquelles concluſions ne ſe trouveront en aucune maniere de juſtice. Car afin qu'il y euſt quelque fondement, il faudroit établir que leur communauté euſt delinqué : ce que l'on ne ſçauroit jamais faire : au contraire il eſt de la connoiſſance deſdits ſieurs Prevoſt des Marchands & Eſchevins, & de notorieté ſur les lieux, que les Supplians exercent leurs charges en gens d'honneur. Car l'on ne peut pas leur imputer pour vn crime d'aſſiſter leurs parties lors qu'elles ont à propoſer des declinatoires, ſoit pour la juriſdictió deſdits ſieurs Juges-Conſervateurs, ſoit pour celle deſdits ſieurs Seneſchal & Preſidiaux, lors que la matiere n'eſt pas de leur connoiſſance, puis qu'au contraire ils ne le peuuent refuſer auſdites parties à moins de prevariquer à leur devoir & à l'obligation de leurs charges : Et à ce ſujet l'on remarquera à Sa Majeſté que s'il eſtoit permis à des Procureurs de preferer leur intereſt particulier à celuy des parties, & de ſuivre l'avantage de leur fortune pluſtoſt que la neceſſité de leur devoir, ils porteroient la connoiſſance de toutes les affaires dont ils
ſont

font chargez, à la Conſervation ; parce que toutes les inſtructions & les plaidoyers s'y font par leur miniſtere,les Advocats
n'y plaidans point : & depuis la demande juſques au jugement
les Procureurs y font tout. Aprés cela comment préſumera-
t-on qu'ils portent au Preſidial des cauſes qui ſont de la Con-
ſeruation ? Il ne peut donc eſtre queſtion que de terminer les
choſes pour vne bonne fois : Et quand il aura pleu à Sa Majeſté de faire vn Reglement, les Supplians l'executeront tres-
ponctuellement:& ils conſentent que l'on ordonne des peines
contre ceux qui y contreviendront. Ils ne prennent & n'ont
jamais accepté aucun party.Ils n'ont autre intereſt que de ſupplier Sa Majeſté de regler les choſes avec ſa juſtice ordinaire,
afin de ne laiſſer aucun ſujet à l'advenir de douter des matieres qui ſeront de l'vne & l'autre des juriſdictions. Il ne reſte
donc auſdits Supplians qu'à expoſer à Sa Majeſté vne derniere
conſideration. Que dans le temps que Sa Majeſté a travaillé
par ſa prudence au ſoulagement du peuple par la reduction des
Officiers, & qu'il luy a pleu retrancher le nombre des Procureurs à Lyon ; leſdits ſieurs Prevoſt des Marchands & Eſchevins veulent au contraire le multiplier en faiſant des Procureurs en leur juriſdiction:ce qui eſt même contraire aux autres
chefs de leurs concluſions , par leſquelles ils ont demandé l'e-
xecutiõ de ſes Edits & Arreſts,entre autres celuy de May 1655.
qui a fait l'vnion de la juriſdiction de ladite Conſervation au
Corps Conſulaire, par lequel Edit l'vnion n'en fut faite qu'à
condition expreſſe que les Supplians occuperoient & poſtule-
roient ainſi qu'ils avoient fait auparavant en ladite juriſdiction;
ce qui fait qu'ils eſperent que Sa Majeſté ne permettra pas que
l'on dépoſſede des Officiers établis depuis ſi long-temps contre leſquels il n'y a aucune plainte, & que l'on ruine vn nombre de familles de la Ville de Lyon qui ne ſubſiſtent que par le
travail des Supplians.C'eſt pourquoy il ſeroit du bon plaiſir de
Sa Majeſté de prononcer que ſans avoir égard aux requeſtes
deſdits ſieurs Prevoſt des Marchands & Eſchevins en ce qui
regarde les Supplians, & ayant égard à leurs ſoûmiſſions d'executer ponctuellement le Reglement qu'il luy plaira de faire

G 2   entre

entre les Officiers de la Seneſchauſſée & Siege Preſidial & leſdits ſieurs Prevoſt des Marchands & Eſchevins, Juges de la Conſervation, leſdits Supplians ſeront maintenus en l'exercice de leurs charges & dans la faculté de poſtuler en l'vne & en l'autre deſdites juriſdictions , & les inſiſtans au contraire condamnez aux dépens, & leur donner acte de ce que pour réponſes auſdites requeſtes ils employent le contenu en la preſente requeſte: enſemble l'Edit de Sa Majeſté , portant vnion des Juges de la Conſervation au Corps Conſulaire , ladite requeſte ſignée Barbot Advocat au Conſeil, au bas eſt l'Ordonnance du Conſeil du 28.Octobre 1668. portant qu'elle ſeroit communiquée aux Prevoſt des Marchands & Eſchevins, Juges Conſervateurs de ladite ville de Lyon , pour leur réponſe veuë dans trois jours eſtre ordonné ce qu'il appartiendroit par raiſon. Enſuite eſt l'aſſignation qui en a eſté faite audit Chanu leur Advocat le 23. dudit mois d'Octobre. Trois ſommations faites à la requeſte deſd. Procureurs poſtulans auſdits Prevoſt des Marchands & Juges Conſervateurs , de fournir de réponſe à ladite requeſte des 24. 25. & 26. dudit mois d'Octobre. Requeſte preſentée au Conſeil par leſdits Prevoſt des Marchands & Eſchevins de Lyon le 9. Novembre dernier , à ce que pour les cauſes y contenuës il pleuſt à Sa Majeſté ſans avoir égard à la requeſte deſdits Procureurs poſtulans dudit jour 28. Octobre dernier de laquelle ils ſeront deboutez , adjuger auſdits Supplians les fins & concluſions de leurdite requeſte, & leur donner acte de ce que pour toute réponſe à celle deſdits Procureurs ils employent le contenu en la preſente. Et ce qu'ils ont écrit & produit en ladite inſtance, ladite requeſte ſignée Chanu, au bas eſt l'Ordonnance du Conſeil, qui leur donne acte , ſignifiée ledit jour 9. Novembre à l'Advocat deſdits Procureurs. Celle preſentée au Conſeil par Maiſtre Matthieu de Seve Conſeiller du Roy Preſident, Lieutenant General en ladite Seneſchauſſée & Siege Preſidial de Lyon , contenant que s'eſtant preſenté au Conſeil ſur l'aſſignation à luy donnée en iceluy à la requeſte des Prevoſt des Marchands & Eſchevins, Juges Conſervateurs des privileges des foires de ladite Ville, & n'y ayant aucunes conclufions

conclufions prifes contre luy, il fe feroit contenté d'employer pour toutes défenfes celles fournies par les Officiers dud. Prefidial, & feroit demeuré dans le filence pour n'entrer pas en fon particulier en conteftation avec lefdits Prevoft des Marchands & Efchevins, s'il ne fe trouvoit injurieufement attaqué dans leur requefte du 27. Octobre dernier, & par leurs fauffes préfuppofitions neceffité de détruire vne calomnie qu'ils ont voulu rejetter fur luy feul aprés en avoir temerairement chargé tout le corps dudit Prefidial. Sa Majefté obfervera s'il luy plaift, que dans la requefte introductive de cette inftance lefdits Prevoft des Marchands & Efchevins avoient expofé que par toutes fortes d'artifices les Officiers dudit Prefidial entreprenoient contre l'autorité & jurifdiction de la Confervation, & que dans l'occafion d'vn procés pendant & indecis en ladite Senefchauffée entre Claude Dandré & quelques particuliers, lefdits Officiers faifant fecrettemét efperer audit Dandré le gain de ce procés où il s'agiffoit pour luy d'vne prétention de plus de cinquante mille livres, il luy auroient infpiré auffi-bien qu'à fon affocié le deffein de fe retirer audit Prefidial pour vn fait de leur commerce : ce qui ne fe trouvant appuyé d'aucune circonftance, fans fondement & contraire à la verité, auroit obligé lefdits Officiers d'en demander par leurs défenfes vne reparation proportionnée à l'injure. Mais lefdits Prevoft des Marchands & Efchevins voulant foûtenir jufques au bout ce qu'ils avoient fauffement (fauf correction) auancé, & efperant de le faire plus impunément contre vn particulier que contre vne compagnie, ils auroient dans leur replique indiqué le Suppliant pour celuy dont ils avoient entendu parler. Et afin qu'ils ne difent pas vne feconde fois qu'on fe forme des monftres pour les combattre, on rapportera icy les propres termes dont ils fe font fervis fur cét article. Les Supplians, difent-ils, font perfuadez que tout le Corps defdits Officiers n'a pû entrer dans la pratique de ces artifices fecrets dont quelques particuliers fe font fervis pour gagner ces deux jufticiables. Et peu aprés ils ajoûtent, les faveurs & les affiftances continuelles que reçoit ledit Dandré des principaux chefs de ce Corps ne font pas

G 3   des

des choses qui puiſſent eſtre niées, elles ſont trop bien établies non ſeulement par vne preſomption preſque évidente & vne notorieté publique, mais encore par des preuves & des actes authentiques qu'on n'a pû ſe diſpenſer de produire : & enfin venans à l'examen de ces actes ils diſent : Le ſieur Thomas commis par Sa Majeſté à la regie generale des Monnoyes de France ayant dans ce même-temps eſté obligé de faire faire par ſon commis à la direction de celle de ladite Ville quelque recherche des abus & malverſations commiſes par ce même Dandré au fait des fontes & affinages, & deſirant avoir expedition d'vne autre pareille procedure faite quelque-temps auparavant contre ledit Dandré par le Lieutenant General dudit Preſidial pour raiſon de ſemblables abus, qu'il ſçavoit avoir eſté receuë par le nommé Aubert Greffier audit Siege;ce commis dudit ſieur Thomas fut obligé de preſenter ſa requeſte audit Lieutenant General, à ce qu'il luy plûſt ordonner que cette expedition luy ſeroit delivrée. Mais comme ledit Lieutenant General ne vouloit rien oublier de ce qui pouvoit aider vn homme qui prenoit ſoin de revétir ſa juriſdiction de celle de la Monnoye & deſdits Conſervateurs, il ne ſe contenta pas de refuſer au commis à la direction de ladite Monnoye de répondre ſa requeſte ; mais ſe voyant preſſé de le faire, il luy fit luy-même declarer par acte, qu'il n'avoit eſté fait pardevant luy aucune ſorte de procedure de cette qualité contre ledit Dandré. Il y avoit aprés cette declaration dudit Lieutenant General lieu d'en croire ſa religion : neanmoins il eſt arrivé dans le cours de cette pourſuite criminelle du commis à la regie de ladite Monnoye contre ledit Dandré, que les mêmes témoins qui avoient dépoſé contre luy n'ont pû s'empeſcher de reveler la verité de cette premiere procedure ainſi contre luy faite par ledit Lieutenant General. Les Prevoſt des Marchands & Eſchevins s'eſtans ainſi expliquez, il eſt ſans difficulté qu'il ne reſte plus, ſuivant leur penſée, que ledit Lieutenant General qui puiſſe eſtre ſoupçonné d'avoir pratiqué ces artifices, & promis ſecrettement audit Dandré de luy faire gagner ce procés où il s'agit de cinquante

mille

mille livres, pour l'obliger de révetir le Presidial au prejudice
de la Conservation & de la Cour des Monnoyes. A quoy ils
pourroient ajoûter pour convaincre le Suppliant de sa faveur
& de sa protection declarée aussi foiblement que par les actes
qu'ils ont produit, qu'il est Rapporteur de ce grand procés : &
l'on s'étonne que cette remarque ait échapé à l'Auteur de la requeste desdits Prevost des Marchands & Eschevins, & qu'il
ne l'ait étenduë & exaggerée suivant son stile ordinaire : sans
doute il ne l'épargnera pas dans la replique : mais il est bon
qu'il sçache encore, & qu'il s'en informe du sieur Arnauld
partie adverse dudit Dandré, que le Suppliant ne luy est pas
suspect, & qu'il a mieux aimé attendre son retour pour le jugement de ce procés, que de souffrir qu'il fust mis au Greffe.
Le Suppliant veut bien avoüer avant que d'entrer dans sa justi-
fication, qu'il voit avec joye sa Compagnie dégagée de ce prétendu crime qu'on luy imputoit : mais il ne peut s'empescher
de remarquer avec autant de surprise & d'étonnement, que
lesdits Prevost des Marchands & Eschevins se soient laissez
emporter à cet excés d'aveuglement & de passion, que de tour-
ner contre luy seul leur accusation, sur vn pretexte aussi leger
& aussi mal-fondé que celuy qu'ils ont pris. Ces bons peres
qui par leurs soins paternels pretendent meriter le respect de
leurs enfans, en peuvent bien exiger de leur Député & de Maî-
stre   Monod qu'ils ont honoré de tant de beaux témoi-
gnages. Mais ils demeureront du moins d'accord qu'ils n'en
doivent pas attendre du Suppliant aprés vn procedé si extraordinaire ; & que s'il les épargne, & n'attaque pas leur mauvaise
conduite & leurs desordres, c'est par des considerations & des
motifs bien contraires aux leurs, puis qu'il seroit certain de les
confondre, & qu'ils ne peuvent pas seulement donner la moindre atteinte à sa probité & à sa reputation. En effet, sans que
le Suppliant prétende faire icy son éloge, ny rechercher d'autre loüange que celle d'avoir fait son devoir en toutes rencontres, il peut dire que l'vne & l'autre sont assez bien établies &
approuvées, mesme par la confiance de quelques-vns de ceux
qui l'attaquent aujourd'huy, pour luy donner lieu de mépriser

le

le crime dont on le veut noircir, si la fausse accusation demeu-
roit renfermée parmy ses concitoyens : mais estant portée jusques à Sa Majesté, il luy est d'vne necessité indispensable de
détruire les suppositions par lesquelles lesdits Prevost des Marchands & Eschevins prétendent la soûtenir, & de ne laisser aucun soupçon de sa conduite, dont il sera toûjours aussi prest de
rendre vn compte exact & fidele, que ses parties apprehen-
dent avec raison qu'on le leur demande de leur administration.
Passant à l'examen de ces pieces qui sont venuës si heureuse-
ment au secours desdits Prevost des Marchands & Eschevins,
& qui leur ont esté si fidelement remises ; l'on remarquera
premierement, que l'injure dont on a demandé reparation, a
esté faite par la requeste sur laquelle l'Arrest du 17. May dernier est intervenu, & que celle presentée par le Commis de la
Monnoye ne le fut que le 5. Juillet suivant, c'est à dire plus de
six semaines aprés : & ainsi il faut ou que l'on eust des preuves
plus anciennes de cette protection declarée & de cette prevari-
cation, ou que l'on demeure d'accord d'avoir dans le commen-
cement faussement avancé ces termes injurieux. En second
lieu, la lecture de cette requeste du 6. Juillet pouvoit appren-
dre ausdits Preuost des Marchands & Eschevins, s'ils avoient
esté moins prévenus ou plus éclairez, que le Lieutenant General ny tout autre Juge ne pouvoit pas, sans pecher contre les
regles & les maximes, accorder les conclusions prises par ladite requeste, dans laquelle Claude Thomas sous le nom de
qui elle est presentée & signée par Simon son Commis, expo-
se qu'il fait informer de l'autorité de la Cour des Monnoyes
contre le nommé Dandré, pour avoir contrevenu à l'Ordonnance en diverses fontes & affinages : qu'il y a eu vne procedure extraordinaire faite par ledit Lieutenant General concernant le mesme fait, demande qu'il soit enjoint au Greffier qui
l'a receuë d'en delivrer expedition : surquoy & aprés la lecture
de ladite requeste, ledit Suppliant ayant dit audit Simon qui
en estoit porteur, que puis qu'il faisoit informer de l'autorité
des Iuges des Monnoyes, il devoit s'adresser à eux pour demander le rapport de cette procedure, & que sur le jugement

ou ordonnance qui interviendroit, si le Greffier faisoit quelque
refus, alors s'adressant audit Suppliant il ne feroit pas difficulté
d'ordonner l'injonction qui luy estoit demandée. Ce Commis
parut satisfait de cette réponse, & reprit sa requeste dans le
dessein de suivre la voye qui luy estoit ouverte, & qui ne luy
apportoit ny peine ny embarras, puisque le Commissaire estoit
dans la Ville & y procedoit continuellement à l'instruction du
procés contre ledit Dandré. Mais lesdits Prevost des Marchands & Eschevins, qui sont de bonne intelligence avec le
Commissaire de cette jurisdiction, ainsi qu'il seroit aisé d'établir si on vouloit s'écarter de la matiere, croyans avoir trouvé
vne occasion favorable de nuire au Suppliant, & vn beau prétexte de rejetter sur luy cette calomnie inserée dans leur premiere requeste, & dont ils avoient esté blâmez hautement de
tous leurs concitoyens, se servans du nom dudit Simon, firent
signifier par leur Huissier ordinaire cette requeste audit Suppliant, & vn acte au bas tendant à mêmes fins : ce qui l'auroit
obligé, prévoyant bien qu'on voudroit tirer avantage de son
prétendu refus, d'en expliquer les motifs par vn procés verbal
& vne ordonnance qui fut signifiée le même jour : & dans cét
acte il est vray que ledit Lieutenant General verbalisant dit,
qu'il n'a aucune connoissance de cette procedure faite pardevant luy contre ledit Dandré. D'où lesdits Prevost des Marchands & Eschevins prennent occasion d'accuser sa religion,
& veulent sur ce fondement qu'on demeure d'accord que les
termes dont ils se sont servis n'ayent que trop foiblement ex-
primé la verité des choses qu'ils ont avancées. Mais il est bien-
aisé de les convaincre du contraire, estant étably par tout ce
qui a esté dit, que les injures proferées contre l'honneur de
tous les Officiers dudit Presidial non seulement ne sont pas ef-
facées par ce mauvais prétexte, mais qu'elles se trouvent encore plus malicieusement soûtenuës par le tour qu'ils ont tâché
d'y donner contre le Suppliant, sans qu'il puisse rester aucun
soupçon qu'il ait rien fait contre sa conscience & sa religion
en ce rencontre, puisque non seulement le long-temps qui s'e-
stoit écoulé depuis que le Suppliãt en qualité de Subdelegué de

H   la

la Chambre de Juſtice auoit fait ladite procedure, qui conſiſtoit
ſimplement en vne information de quelques témoins, le pouvoit excuſer d'avoir dit qu'il n'en avoit pas connoiſſance ; mais
qu'outre cela il eſt ſoûtenu & ſera juſtifié, ſi le temps le permet, qu'elle eſtoit faite principalement contre la nommée Junot, mere à la verité dudit Dandré, mais pour lors femme du
ſieur Arnauld : de ſorte que le Suppliant non ſeulement n'a
point bleſſé ſa religion ; mais encore il n'a rien fait que dans
l'ordre & ſuivant les regles. Les choſes demeurans donc ainſi
éclaircies, & que par le caractere que le Suppliant a l'honneur
de porter de premier Officier de judicature d'vne Province
conſiderable, on n'a pû luy faire vn plus grand outrage que
de l'accuſer d'vſer d'artifices & jetter le ſoupçon ſur luy, d'a-
voir promis à vn particulier de luy faire gagner ſon procés pour
s'attirer la connoiſſance d'vn autre ; ce qui ſeroit vne prevari-
cation tres-puniſſable & qui meriteroit vne peine exemplai-
re, ſi le fait eſtoit appuyé de la moindre preuve. Mais auſſi
ſe trouvant dénué de toute circonſtance & fauſſement & calomnieuſement inventé, le Suppliant eſpere de la juſtice de
Sa Majeſté qu'elle ne luy refuſera pas vne reparation proportionnée à l'atrocité de l'injure. A CES CAVSES re-
requeroit qu'il plûſt à Sa Majeſté ordonner que leſdits Prevoſt
des Marchands & Eſchevins déclareront pardevant tel Commiſſaire qu'il plaira nommer, que temerairement & inconſide-
rément ils ont fait inſerer les ſuſdits termes injurieux, tant dans
la requeſte du 17. May que celle du 27. Octobre, qu'ils deman-
deront pardon à Sa Majeſté de l'avoir ainſi offenſée en la perſonne d'vn Officier qui adminiſtre la juſtice avec le zele & la
fidelité qu'il doit. Que leſdits termes injurieux & calomnieux
feront rayez, eux condamnez en leur propre & privé nom en
deux mille livres de dommages & intereſts applicables aux
pauvres de l'Hoſtel Dieu, & de l'aumoſne generale de Lyon
ou autrement ainſi qu'il plaira à Sa Majeſté, & les condamner
en outre aux dépens envers le Suppliant. La requeſte ſignée
de Croiſy Advocat du Conſeil : au bas eſt l'Ordonnance du
Conſeil du 21. Novembre dernier, portant qu'elle ſeroit communiquée

muniquée aufdits Prevoſt des Marchands & Eſchevins Juges Conſervateurs des privileges des foires de ladite Ville, pour leur réponſe veuë dans trois jours eſtre ordonné ce que de raiſon. Enſuite eſt la ſignification qui en a eſté faite à leur Advocat ledit jour 21. Novembre dernier. Autre requeſte preſentée au Conſeil par leſdits Prevoſt des Marchands & Eſchevins de ladite Ville de Lyon, Juges-Gardiens & Conſervateurs des privileges des foires de ladite Ville, contenant qu'en l'inſtance qu'ils ont pendante pardevant Sa Majeſté contre les Officiers du Preſidial de ladite Ville en reglement de leurs juriſdictions ils ont eſté neceſſitez de juſtifier par des actes autentiques la verité des moyens & des artifices par leſquels les Officiers dudit Siege ont depuis long-temps ſoigneuſement travaillé à s'arroger la connoiſſance des matieres les plus naturelles à cette juriſdiction privative deſdits Conſervateurs, & entre autres par les traitemens trop favorables qu'ils ont faits en toute rencontre aux juſticiables de ladite Conſervation qui ont voulu connoiſtre leur autorité. Ils ont entre autres choſes produit les actes juſtificatifs de la ſoigneuſe protection que le nommé Dandré a receu encore depuis peu de la part du ſieur de Seve Lieutenant General audit Preſidial; ce qui l'a tellement échauffé en ſon particulier contre les Suppliaus, que prenant pour injure & pour calomnie toutes ces veritez qui reſultent contre luy de ces meſmes actes, & de la propre reconnoiſſance qu'il y fait du deſſein qu'il a eu de favoriſer en cette rencontre ledit Dandré aux dépens meſme de la verité & du devoir de ſa charge, que s'irritant de ſon chef contre cet endroit de la requeſte de contredit & de l'addition de production deſdits Suppliaus, il n'a pû refuſer à la chaleur de ſon injuſte reſſentiment la requeſte qu'il a preſentée à Sa Majeſté en ſon nom ſingulier, par laquelle prétendant avoir eſté en cela exceſſivement outragé en ſa perſonne & en ſon honneur; aprés avoir longuement exageré les raiſons qu'il a d'en demander juſtice à Sa Majeſté, il conclud à ce que leſdits Suppliaus ſoient condamnez de déclarer publiquement que mal à propos & temerairement ils ont fait inſerer ces termes pretendus injurieux tant

H 2

en

en leur requeſte du 17. May dernier qu'en celle de leurdit
contredit, qu'ils demandent pardon à Sa Majeſté de l'avoir
ainſi offenſée en la perſonne de ſon Officier;ce faiſant,ordon-
ner que ces termes prétendus calomnieux ſeront rayez deſdites requeſtes, & leſdits Supplians condamnez en leurs propres & priuez noms en deux-mille livres d'amende & aux dépens envers luy. Sur laquelle requeſte il a le cinquiéme du
preſent mois de Novembre obtenu Ordonnance du ſieur
Puſſort Conſeiller ordinaire de Sa Majeſté en tous ſes Conſeils, Commiſſaire à ce député, portant qu'elle ſeroit communiquée auſdits Supplians pour leur réponſe veuë eſtre ordonné
ce que de raiſon. A laquelle Ordonnance leſdits Supplians
ſatisfaiſant diſent, que cette requeſte dudit Lieutenant General ou plûtoſt l'éloge qu'il ſe fait à ſoy-même, le diſculpent ſi
mal des abus & des artifices par leſquels il eſt convaincu d'a-
voir en diverſes rencontres favoriſé les tranſports de juriſdiction, & les fuites des juſticiables de ladite Conſervation audit
Preſidial & autres pour ce fait particulier dudit Dandré, qu'il
n'y a qu'à faire lecture de ladite requeſte pour y trouver deux
choſes également conſtantes. La premiere qu'il s'y fait pour la
plus grande partie vn procez à ſoy-même, en groſſiſſant les
objets par vne exageration tres-au delà de la ſimplicité des termes, par leſquels leſdits Supplians ſe ſont expliquez ſur ce
ſujet par leurſdites requeſtes & addition de leur production,
que Sa Majeſté jugera n'avoir rien de fâcheux pour ledit Lieutenant General que la verité, qui reſulte contre luy des actes
pour ce par eux produits ſous la cotte   de leurdite addition de production. Et la ſeconde que cette même verité preſ-
ſe ſi fort ledit Lieutenant General, que tant plus il tâche de
s'en excuſer & de faire paſſer pour calomnie ce que leſdits
Supplians en ont expoſé & juſtifié en ladite inſtance, tant plus
il éclaircit par ſon propre adveu cette même verité du fait, &
en donne contre ſoy-même des preuves tellement conſtantes
qu'elles acheveroient ſans doute ſa conviction, ſi ces actes qui
en ont eſté produits par leſdits Supplians avoient beſoin de
cette confeſſion & de cette propre reconnoiſſance dudit Lieutenant

tenant General. C'eſt pour cela que ſans qu'il ſoit neceſſaire de laſſer la patience de Sa Majeſté par vne plus particuliere diſcuſ-ſion de ce tres-embarraſſé diſcours dudit Lieutenant General,& par vne plus ſoigneuſe refutation de la reparation publique & ſolemnelle qu'il demande de l'injure qu'il dit luy avoir en cela eſté faite par leſdits Supplians ; ils ſe contenteront d'employer pour toute réponſe à ladite requeſte ce qu'ils ont écrit & pro-duit ſur ce ſujet en ladite inſtance : aprés quoy il ne reſtera plus auſdits Prevoſt des Marchands & Eſchevins qu'à ſupplier Sa Majeſté de faire quelque reflexion ſur toutes les nombreuſes invectives, injures atroces , & tous les outrages par leſquels ces meſmes Officiers dudit Preſidial & ledit Lieutenant Gene-ral à leur teſte,ont entre autres par leur requeſte du 17.Septem-bre dernier, ſignée dudit Lieutenant General, tâché de noircir auprés de Sa Majeſté l'honneur , la reputation , & la conduite deſdits Supplians, en ſoûtenant en termes formels que c'eſt ce ſeul Corps Conſulaire qui ruine le negoce & opprime les Mar-chands de ladite Ville,& que c'eſt ce meſme Corps Conſulaire qui a donné lieu aux impoſitions dont les marchandiſes qui en-trent dans ladite Ville ſe trouvent encore preſentement ſur-chargées. C'eſt cela qu'on appelle des calomnies ; C'eſt cela qui doit eſtre qualifié avec juſtice du nom de veritables outra-ges. Et ce ſont là de ces invectives & de ces injures qui 'de-mandent d'elles-meſmes la reparation qui eſt ſi juſtement deuë à ceux à qui elles ſont faites:& les Supplians avoient tant plus de raiſon de la demander à Sa Majeſté, que cet éclat de la paſſion de leurs parties adverſes a eu pour objet non ſeulement de les noircir auprés de Sa Majeſté ; mais encore d'attirer ſur eux la haine de leurs Concitoyens, & par ces termes ſeditieux exci-ter s'ils pouvoient leur revolte non ſeulement contre l'autorité de Sa Majeſté qui ſeule a étably leſdits droits ; mais contre l'au-torité & la propre perſonne de ces Officiers politiques , & de ces dépoſitaires du bien & des intereſts communs de ladi-te Ville. Neanmoins Sa Majeſté eſt témoin de la moderation avec laquelle leſdits Supplians ſe ſont juſques à preſent con-tentez de repouſſer ces fauſſes accuſations, par la ſeule & ſimple

H 3   juſti

juſtification du contraire de cét échantillon de l'animoſité &
de l'emportement deſdits Preſidiaux. Auſſi eſt-il vray qu'ils
en feroient aujourd'huy le même mépris , n'étoit que leur ſi-
-lence, à cét égard, au lieu d'appaiſer en cela la mauvaiſe hu-
meur & le chagrin de leurs parties adverſes, n'a fait que les
enhardir davantage & leur perſuader qu'ils pouvoient encore
plus impunément tenir à cét égard la place & faire le perſon-
nage d'accuſateurs,quoy que couverts & convaincus du même
emportement qu'ils reprochent avec tant de hardieſſe & ſi
peu de front à ceux qu'ils ont ſi maltraitez par des diſcours
non ſeulement deſtituez de toute ſorte de preuve,mais de-plus
convaincus de la plus viſible & plus malicieuſe de toutes les
fauſſetez. A ces cauſes, requeroient qu'il plûſt à Sa Majeſté,
ſans avoir égard à ladite requeſte dudit Lieutenant General
dudit jour 5. Novembre de laquelle il ſera debouté , adjuger
auſdits Supplians les fins & concluſions par eux priſes en ladite
inſtance : & au ſurplus condamner ledit Lieutenant General
tant en ſon nom que de tous leſdits Officiers dudit Siege,à declarer en preſence de Sa Majeſté,que mal,nullement & fauſſement ils ont accuſé par leurdite requeſte les Supplians de rui-
ner le negoce & les Marchands de ladite Ville,& d'avoir donné lieu auſdites impoſitions : qu'il n'y a en tout cela rien qui ne
ſoit contraire à la verité ; qu'ils s'en repentent & leur en demandent pardon : leur faire défenſes d'vſer à l'avenir par écrit
ou autrement de pareils termes, ou autres contraires à la verité
& à la juſte & ſincere conduite deſdits Supplians en l'admini-
ſtration des affaires communes de ladite Ville , ordonner que
ces termes & autres injurieux ſeront rayez & biffez dans ladite
requeſte deſdits Officiers, & eux pour la reparation de l'injure
en outre condamnez en ſix mille livres de dommages & intereſts envers leſdits Supplians, applicables à l'Hoſtel-Dieu & à
l'Aumône generale de ladite Ville de Lyon, s'en rapportant
leſdits Supplians pour la reparation publique à ce qu'il plairoit
à Sa Majeſté d'en ordonner , & leur donner acte de ce que
pour toute réponſe à ladite requeſte dudit Lieutenant General
ils employent le contenu en la preſente,& ce qu'ils ont écrit &

produit

produit en ladite inſtance : ladite requeſte ſignée Chanu Ad-
vocat:au bas eſt l'Ordonnance du Conſeil qui leur donne acte,
& qu'au ſurplus en jugement : ſignifiée aux Advocats dudit
Leutenant General de Lyon & deſdits Officiers dudit Preſidial le 9. dudit mois de Novembre. Celle preſentée au Conſeil par Maiſtre Pierre Pilot Procureur és Cours de Lyon,
contenant qu'il a eſté aſſigné pardevant le ſieur Puſſort Conſeiller de Sa Majeſté en tous ſes Conſeils à la requeſte des
ſieurs Prevoſt des Marchands, Eſchevins, Juges Gardiens &
Conſervateurs des privileges des foires de ladite Ville en vertu d'vn Arreſt du Conſeil d'Eſtat du Roy rendu ſur leur requeſte le 17.May dernier : ſur laquelle aſſignation il a comparu
par reſpect, quoy qu'il oſe dire à Sa Majeſté qu'il eſtoit tout-à-
fait inutile de le comprendre dans cette conteſtation, dans laquelle il ne peut point eſtre partie en ſon nom:car aprés avoir
examiné la requeſte ſur laquelle eſt intervenu ledit Arreſt,
auſſi-bien que celle qui a eſté depuis preſentée à Sa Majeſté
par leſdits ſieurs Prevoſt des Marchands & Eſchevins , il a remarqué qu'il n'eſt dénommé en façon quelconque ny en l'vn-
ne ny en l'autre,& qu'il n'y a comme en effet il ne peut y avoir
aucunes concluſions priſes contre luy. Car à l'égard de celle
qui tend à ce qu'il ſoit permis auſdits ſieurs Prevoſt des Marchands & Eſchevins de nommer des Procureurs qui poſtulent
pardevant eux , & que défenſes ſoient faites à ceux du Siege
Preſidial d'y continuer leurs fonctions, cela regarde la communauté deſdits Procureurs en general , laquelle ayant eſté
aſſignée & eſtant en cauſe, elle ne manquera pas de faire connoiſtre à Sa Majeſté que cette demande n'eſt pas recevable,
& qu'elle n'a nul fondement : & à l'égard du Reglement qui
eſt demandé par leſdits ſieurs Prevoſt des Marchands & Eſchevins ſur ce qu'ils prétendent que le decret des biens immeubles des ſieurs Mercier pere & fils Receveurs des Conſignations de Lyon n'a pû eſtre fait de l'autorité du Siege Preſidial, le Supplicant y a encore moins d'intereſt. Car dans ce
qu'il a fait au ſujet de ce decret, ſa conduite eſt tres-innocen-
te , puis qu'il n'a qu'en qualité de créancier demandé comme

quatre

quatre ou cinq autres Procureurs du même Siege la subroga-
tion aux criées desdits biens au lieu & place du saisissant qui
en discontinuoit la poursuite,& par Ordonnance du 14. Avril
dernier elle luy a esté accordée, & même le sieur du Faure a
fait saisir réellement les mêmes biens & Offices aux Requestes du Palais du Parlement de Paris où il en poursuit l'adjudication & le decret, & y a fait assigner le Suppliant. Mais si Sa
Majesté juge que le Presidial de Lyon n'a pas pû connoistre de
ce fait, & que le decret des biens des Receveurs desdites Consignations qui ont fait faillite des deniers d'icelles a deu estre
poursuiuy devant les Juges de la Conservation plûtost qu'audit
Presidial, le Suppliant qui a toûjours eu vne profonde soûmis-
sion à observer les ordres de Sa Majesté, & les Reglemens de
son Conseil, s'y soûmettra encore en ce rencontre avec toute
l'exactitude possible.Cependant il ose se persuader que Sa Majesté ne le trouvera pas coupable d'avoir demandé avec plusieurs autres de ses confreres d'estre subrogé à des criées qui
estoient pendantes audit Presidial des biens des Receveurs des
Consignations du même Siege. A ces causes, requeroit qu'il
plûst à Sa Majesté décharger le Suppliant de l'assignation qui
luy a esté donnée,avec dépens:ladite requeste signée Meneust
Advocat. Celle presentée au Conseil par Maistre Thomas de
Moulceau Escuyer,Secretaire & deputé de ladite Ville, contenant,que bien qu'en l'instance de Reglement general pendant
audit Conseil entre lesdits Prevost des Marchands & Eschevins de la ville de Lyon, Juges Gardiens & Conservateurs des
privileges des foires de ladite Ville d'vne-part, & les Officiers
de la Seneschaussée & Siege Presidial de ladite Ville d'autre,le
Suppliant n'ait autre interest que celuy de ce Corps Consulaire de ladite Ville par qui il a esté chargé du soin & de la solli-
citation de cette affaire en qualité de son Dêputé à la suite dudit Conseil ; neanmoins & parce que les Officiers dudit Presidial regardent en cela le Suppliant comme l'vn des plus pas-
sionnez défenseurs de la cause de cette Communauté contre
leurs entreprises sur l'autorité & jurisdiction privative desdits
Juges Conservateurs,suivant. & ainsi que son honneur & le devoir

voir de fa charge & de fa miſſion l'y obligent , en ont conceu
contre luy vne telle animoſité , qu'ils ne peuvent s'empeſcher
dans tous les actes de ce procez de s'en prendre à luy perſon-
nellement par toutes les inveƈtives,tous les outrages & toutes
les calomnies dont ils croyent pouvoir noircir ſa probité & ſa
reputation , & donner pour objet à ſon zele & à ſon attachement aux intereſts de cette Communauté , ſon intereſt propre
& l'avantage de ſes affaires particulieres ; & cela avec tant de
marques de leur aigreur , qu'il eſt aiſé d'en juger qu'ils vou-
droient pouvoir mieux & plus violemment luy faire reſſentir
les effets de leur haine non ſeulemét en corps,mais encore chacun en leur particulier. De toutes leſquelles veritez Sa Majeſté
eſt trop bien informée, & peut-eſtre trop facilement éclaircie
par les actes & les requeſtes que leſdits Officiers ont commen-
cé de faire ſervir à leurs défenſes en ladite inſtance contre les
juſtes demandes des Prevoſt des Marchands & Eſchevins,pour
que ledit Suppliant ne doive pas eſperer que Sa Majeſté aura
la bonté de ne pas laiſſer ſa perſonne ny ſes biens plus long-
temps abandonnez au jugement, c'eſt à dire à la vangeance des
juges ſi viſiblement animez à ſa ruine. A ces cauſes , requeroit
le Suppliant qu'il pluſt à Sa Majeſté ſur ce luy pourvoir : ladite
requeſte ſignée Chanu Advocat au Conſeil. Livre intitulé, Privilege des foires de la ville de Lyon , dans lequel ſont inſerées
les Lettres patentes du Roy Philippes de Valois du 6. Aouſt
1349.portant reglement ſur le fait des foires de Brie & Champagne,avec attribution aux Gardes deſdites foires de connoître des differends qui ſurviendroient entre les Marchands frequentans leſdites foires,& défenſes à d'autres d'en connoiſtre.
Autres Lettres patentes du Roy Charles VII.du 9.Fevrier 1419.
portant creation & établiſſement de deux foires-franches en
la ville de Lyon à l'inſtar des foires de Champagne , Brie, & du
Landit.Autres Lettres patentes du même Roy Charles VII.du
mois de Fevrier 1443. portant confirmation des précedentes,
& augmentation d'vne troiſiéme foire en ladite Ville. Autres
Lettres patentes du Roy Louys XI.du 14.Novembre 1467.por-
tant ſuppreſſion des foires de Geneve , & augmentation d'vne

I   quatriéme

quatriéme foire en ladite ville de Lyon , & établiſſement du Bailly de Maſcon Seneſchal de Lyon pour Conſervateur & Gardien deſdites foires pour juger les differends qui ſurviendroient entre Marchands & Negocians deſdites foires. Edit du Roy Charles VIII. du mois de Iuin 1494. portant confirmation de l'etabliſſement deſdites quatre foires en ladite ville de Lyon, avec pouvoir aux Eſchevins d'icelle d'élire des notables pour décider les differends qui ſurviendroient entre Marchands. Autres Lettres patentes du Roy Louys du mois de Iuillet 1498. & du Roy François I. du mois de Fevrier 1514. confirmatives des privileges deſdites foires. Edit du Roy François I. du mois de Fevrier 1535. portant reglement pour la competance du Conſervateur deſdites foires. Autre Edit du même Roy François premier du 19. Avril 1545. portant confirmation de tous leſdits privileges & attributions. Autre Declaration du Roy Henry III. du 19. Fevrier 1588. confirmative deſdits privileges & de la juriſdiction dudit Conſervateur. Lettres patentes du Roy Henry IV. du mois de May 1594. portant auſſi confirmation deſdits privileges deſdites foires & de la juriſdiction deſdits Iuges Conſervateurs. Edit du même Roy Henry IV. du 2. Decembre 1602. portant reglement general ſur le fait de la juriſdiction & competance deſdits Juges Conſervateurs , pour ce qui concerne leſdites foires & autres matieres de commerce. Copie d'autre Edit du Roy Henry III. du mois de May 1583. portant qu'il y auroit deux Aſſeſſeurs Marchands nommez par les Eſchevins de ladite Ville , pour juger conjointement avec ledit Juge Conſervateur les procés entre Marchands. Imprimé d'Arreſt du Parlement de Paris entre le Juge Conſervateur des foires de Lyon & les Officiers dudit Preſidial du 7. Septembre 1610. par lequel entre autres choſes la connoiſſance des differends tant des domiciliez de ladite ville de Lyon qu'étrangers frequentans leſdites foires , pour raiſon de marchandiſes venduës & achetées pendant le temps deſdites foires & hors icelles, & autres affaires de negoce , eſt attribuée audit Juge Conſervateur. Autre Arreſt dudit Parlement rendu ſur la requeſte de Iean Sauzy voiturier par terre le 28. Aouſt 1618. portant

renvoy

renvoy du procez criminel y mentionné pardevant ledit Conservateur des foires de Lyon pour en achever l'instruction contre l'accusé. Sentence renduë en ladite Conservation entre les nommez Deſſartines & Choiſiry Marchands de Lyon & Simon Morel Voiturier le 29. Mars 1667. par laquelle ledit Morel est debouté de son declinatoire, & ordonné que les parties procederont en ladite Conservation. Sentence renduë en ladite Seneſchauſſée de Lyon entre Symphorien Chapelle appellant d'vne Sentence du Conservateur d'vne-part, & Iean Mahuet intimé d'autre, le 11. Ianvier 1631. par laquelle les parties auroient esté appointées en droit, défense aux Procureurs de se pourvoir à la Conservation, & Pelletier Procureur dudit Chapelle condamné en dix livres d'amende. Copie d'Arreſt du Conseil rendu entre Pierre Geofroy & conſors d'vne part, & Gonin Didier & conſors d'autre le 29. Octobre 1622. portant renvoy des parties pardevant le Juge Conservateur des foires de Lyon pour y proceder entre elles suivant les derniers erremens, ledit Didier & conſors condamnez aux dépens. Six autres copies d'Arreſts dudit Conseil rendus entre les particuliers y nommez les 30. Mars 1632. 22. Fevrier 1661. 4. Avril 17. Septembre 1662. 7. Iuillet 1663. & 21. Octobre 1664. portant renvoy des procez y mentionnez en ladite Conservation. Sentence renduë en ladite Seneſchauſſée entre Claude & Iean Baptiſte de Bely & Antoine Lagier Marchand de Lyon le 17. Iuin 1667. par laquelle ledit Lagier est condamné au payement de la somme y mentionnée, & la Sentence executée en cas d'appel en baillant caution, & même par corps suivant la rigueur de la Conservation. Copie d'Edit du mois de Novembre 1563. portant établiſſement d'vn Iuge & quatre Conſuls des Marchands de la ville de Paris pour connoître de tous les differends à mouvoir entre Marchands pour fait de marchandises, & que les Sentences qui feroient par eux renduës feroient executées sans appel juſques à la concurrence de la somme de cinq cens livres. Procez verbal d'inventaire & appofition de feéllé fait par le vic-gerant en ladite Conservation en la maiſon d'vn nommé de Iames Marchand de Lyon, à la requiſition

du Procureur du Roy en ladite Confervation le 5. Iuillet 166.2
Sentence renduë en lad. Confervation le premier Aouſt 166.2
portant que les parties procederoient en ladite Confervation
nonobſtant les concluſions du Procureur du Roy, à ce que le
differend y mentionné fuſt renvoyé en ladite Senefchauffée de
Lyon. Autre jugement rendu en ladite Confervation le 22. Septembre 1662. par lequel en confequence de l'Arreſt du Parlement de Paris du 12. du mois de Septembre, auroit eſté ordonné que les Decrets de priſe de corps & Ordonnances renduës
feroient executées, & permis de côtinuer la procedure extraordinaire tant contre les nommez de James que leurs complices.
Procez verbal du 12. Janvier 1667. du vicegerant en ladite Côfervation, de l'appofition du féellé en la maifon du nommé
Girard Marchand de Lyon, contenant les concluſions du Procureur du Roy à ce qu'il fuſt furfis à la levée dudit féellé &
confection de l'inventaire par lefdits Confervateurs, jufques à
ce qu'autrement en euſt eſté ordonné. Enfuite eſt l'Ordonnance dudit Vicegerant, portant qu'attendu le conflict entre lefdits
Confervateurs & led. Prefidial de Lyon toutes chofes demeurent en eſtat. Deux Sentences renduës en ladite Confervation
entre Louys Clapeyron Marchand de Lyon, & Marie Chevro-
tier vefve de Claude Micaud Marchand de Lyon les 12. & 16.
Decembre, par laquelle nonobſtant le déclinatoire de lad. Che-
vrotier & les concluſions du Procureur du Roy, à ce que les
parties fuſſent renvoyées en ladite Senefchauffée, il eſt dit que
les parties procederoient en ladite Confervation. Requeſte prefentée en ladite Senefchauffée par Claude Dandré, Iean Collemieu, & Ioachim Petit, à ce que les nommez Boyat, Lagier, &
Claufet fuſſent affignez pour répondre à l'Audiance par ferment décifif, & par ledit Boyat, fur le dépoſt à luy fait de la focieté y mentionnée, voir dire qu'il feroit contraint à le remettre
au Greffe. & lefdits Lagier & Claufet pour venir a compte de
ladite focieté, ladite requeſte fignée des parties & d'Olier clerc
de Defchamps Procureur; enfuite eſt l'Ordonnance dud. Lieutenant General en ladite Senefchauffée le 25. Octobre 1667.
portant, foit fait. Copie de commiſſion obtenuë en ladite Senefchauffée de Lyon par le nommé Toriany Marchâd de Lyon le
18. Avril

18. Avril 1668. pour l'execution d'vne Sentence renduë en ladite Conservation le 27. Iuillet 1667. ensuite sont les exploits de
saisies & executions faits en consequence. Procez verbal du 24,
Mars 1668. de l'interrogatoire presté pardevant lesdits Conservateurs par Marie Pitory femme du nommé Mercier Banquier
de Lyon sur le sujet de sa faillite, contenant la requisition de
Jean Dru Procureur, à ce que le differend fust renvoyé audit
Presidial, & les conclusions du Procureur du Roy, à ce qu'attendu la prévention & la competence dudit Lieutenant General en ladite Seneschaussée de Lyon, il fust sursis par lesdits
Conservateurs à la confection de l'invétaire des biens & effets
dudit Mercier. Copie de lettre de cachet de sa Majesté du 14.
Decembre 1667 portant entre autres choses que les Prevost des
Marchands de ladite Ville quoy que non graduez tiendront
toûjours le premier rang en la jurisdiction de la Conservation.
Copie d'autre lettre de cachet du 24. Septembre 1666. portant
aussi que ledit Prevost des Marchands presideroit en ladite
Conservatió. Copie d'Arrest du Conseil du 28. Septembre 1651.
portant que lesdits Prevost des Marchands & Eschevins feroient construire dans vn mois des prisons en l'Hostel commun
de ladite Ville pour la seureté des contrevenans à leurs Ordon-
náces, sur le fait de la garde, police & santé de lad. Ville. Escrou
de Gabriel Lestrain ouvrier en Draps de ladite Ville és prisons
royaux de Lyon, à la requeste de Jean Chattard Marchand de
ladite Ville en consequence de Lettres de Commission obtenuë au Greffe de ladite Conservation, faute de payement de la
somme y mentionnée le 22. Mars 1668. Ensuite est l'élargissement dudit Lestrain le 27. dudit mois, en consequence du jugement rendu en ladite Seneschaussée. Autre écrou de Iean Sal-
leret esdites prisons royaux de Lyon à la requeste dudit Chattard le 22. dudit mois de Mars : ensuite est l'élargissement de sa
personne en vertu d'Ordonnance renduë en ladite Seneschauffée le 27. dudit mois de Mars. Sommation faite à la requeste
desdits Prevost des Marchands & Eschevins de ladite Ville au
Concierge desdites prisons royaux le 17. Avril dernier, de
leur delivrer extrait desdits écrous & élargissemens. Contract de vente faite par Maistre Iean Minet ausdits Prevost

I 3   des

voir condamner au payement des sommes y mentionnées : &
cependant permis de faire saisir ce qui se trouveroit luy appartenir, & de faire informer de l'enlevement des marchandises dudit Durand. Ensuite est l'Ordonnance du 13. Juin 1668. par
laquelle est enjoint au nommé Julien Huissier d'apposer le seellé sur les effets dudit Durand. Procés verbal de l'inventaire fait
par ledit Juge Conservateur des effets dudit Durand du 14.
Juin. Ordonnance renduë par ledit Juge Conservateur le 11.
Juillet audit an 1668. portant permission audit Perret de faire informer contre ledit Durand. Information faite en consequence du 12. desdits mois & an. Copie de Sentence renduë
en la Seneschaussée de Lyon sur la requeste dudit Durand le 13.
dudit mois de Juillet, portant que ses creanciers seroient assignez:& cependant défenses à ses creanciers de se pourvoir ailleurs. Sentence renduë en ladite Conservation le 21. dudit mois
de Juillet 1667. entre Jean Baptiste Jantet & Matthieu Courtet Marchands de soye de Nantua & Loüys Clapeyron Marchand de Lyon, par laquelle entre autres choses ledit Clapeyron est condamné payer ausdits Jantet & Courtet la somme de
cent trente & vne livres douze sols, sur laquelle sera déduit celle de dix-huit livres. Sentence renduë en ladite Seneschaussée
de Lyon entre ledit Clapeyron appellant de ladite sentence des
Prevost des Marchands & Eschevins d'vne part, & lesdits Jantet & Courtet intimez du 12. Aoust 1667. par laquelle lesdits
Jantet & Courtet sont condamnez à restituer audit Clapeyron
les sommes qu'ils avoient receuës de luy. Sentence renduë en
ladite Conservation entre David Coreal & Jean Dubois Marchands Gantiers de ladite ville de Lyon le 15. Juin 1668. par laquelle ledit Dubois est renvoyé absous avec dépens de la demande dudit Coreal. Autre sentence renduë en ladite Seneschaussée de Lyon entre ledit Coreal appellant de ladite
sentence desdits Juges Conservateurs d'vne part, & ledit Dubois intimé d'autre le 3. Aoust 1668. par laquelle il est dit qu'il
a esté mal, nullement, & incompetamment jugé, procedé &
executé, & ordonné que les parties procederoient en ladite
Seneschaussée. Sommations faites à la requeste desdits Prevost
des Marchands & Eschevins au Greffier dudit Presidial les

9.&

&. & 10. Aouſt 1668. de leur delivrer les ſuſdites deux ſentences. Requeſte preſentée audit Preſidial de Lyon par ledit
Dandré, à ce qu'il fuſt ordonné que Laurent Arnauld fut aſſigné pour voir dire que tous les effets contenus en l'inventaire
de Jeanne Junot ſa mere luy ſeroient adjugez en ladite qualité
d'heritier par benefice d'inventaire de ladite défunte, & autres
concluſions y mentionnées. Enſuite eſt l'Ordonnance du 20.
juin 1667. portant, Soit ſignifié pour en venir. Sentence
renduë en la Seneſchauſſée de Lyon entre Iean Collemieu,
& Benoiſt Morandier & Jeanne Devigo ſa femme, & le
ſieur Abbé de Savigny intervenant, le 27. Mars 1668. portant, qu'avant que faire droit au principal ſeroit fait nouveau
rapport par experts dont les parties conviendroient. Requeſte
preſentée en ladite Seneſchauſſée de Lyon par Maiſtre Claude
Thomas commis par ſa Majeſté à la regie des Monnoyes de
France, à ce que commandement fuſt fait à la veuve, enfans
& heritiers de defunt Maiſtre   Aubert Greffier, de
remettre au Greffe de la Monnoye de Lyon l'expedition de
la procedure faite contre Claude Dandré Maiſtre Affineur.
Enſuite eſt un acte dudit Thomas au Lieutenant general de
ladite Seneſchauſſée, à ce qu'il luy plûſt ordonner les fins &
concluſions de ladite requeſte, ſignifiée le 6. Juillet 1668.
Acte dudit ſieur Lieutenant general dudit jour 6. Juillet, portant que ledit Thomas ſe pourvoiroit contre qui & ainſi
qu'il aviſeroit bon eſtre pour raiſon de ladite procedure dont
il n'avoit aucune connoiſſance. Autre acte du ſieur Heuvet
Commiſſaire député ſur le fait des Monnoyes en ladite ville de
Lyon du 31. Aouſt 1668. contenant la remiſe à luy faite par
Nicolas Simon commis dudit Thomas des ſuſdites deux pieces. Copie d'Arreſt rendu entre leſdits Claude Dandré & Jean
Collemieu, Joachin Petit, François Lagier, Claude Boyat &
autres, le 21. Aouſt 1668. portant renvoy des procedures criminelles y mentionnées, en la Cour des Monnoyes, à laquelle
ledit Dandré ſeroit tenu de comparoiſtre en eſtat d'adjourne-
ment perſonnel. Copie de deux ſentences renduës en ladite
Conſervation les 20. & 27. Novembre 1665. entre les parti-

K   culiers

culiers y nommez, portant renvoy de leurs differends en ladite Senefchauffée. Copie d'Arreft du Confeil contradictoi-
rement rendu entre lefdits Dandré, Colemieu, Petit, Lagier,
Boyat & autres, & lefdits Prevoft des Marchands & Efchevins de Lyon intervenans le 21. Aouft. 1668. portant renvoy
des procez & differends y mentionnez, en la Cour des Monnoyes, fans s'arrefter à l'intervention defdits Prevoft des Marchands & Efchevins, Juges-Confervateurs des privileges des
foires de Lyon, & fans prejudice de leur jurifdiction en autre
caufe. Requefte prefentée au Roy par les Confuls & Efchevins de ladite ville de Lyon & les Marchands étrangers demeurans en icelle fous le privilege des foires y établies, par
laquelle entre autres chofes ils auroient requis d'eftre maintenus és attributions de la jurifdiction de ladite Confervation
des foires privativement aux Officiers dudit Prefidial. Copie
de deux memoires tirez des Archives de la ville de Lyon,
dans lefquels font énoncées plufieurs Sentences renduës par
lefdits Juges-Confervateurs pour le fait des voitures. Livre
contenant avertiffement pour la jurifdiction Confulaire des
Marchands, & un Traité de la jurifdiction des Juges & Confuls. Autre Livre intitulé, Le Stile de la Confervation. Deux
copies de requeftes prefentées au Parlement de Paris par plufieurs Marchands de la ville de Lyon, creanciers de Jean-
Jacques Girard Marchand Teinturier de ladite Ville, à ce
qu'ils fuffent receus appellans de l'Ordonnance du Lieutenant
general de Lyon, obtenuë par le nommé Belichon auffi creancier dudit Girard : ordonner que fur ledit appel les parties
auroient audiance : & cependant, que la pourfuite en com-
mencée par le Juge-Confervateur feroit continuée, le feellé
appofé fur les effets dudit Girard levé, & inventaire dreffé
d'iceux ; défenfes au Lieutenant general d'en connoiftre. Sentence renduë en la Senefchauffée de Lyon le 18. Aouft 1657.
entre Damoifelle Ifabeau Dulieu femme de Maiftre Thomas de
Moulceau Secretaire de ladite ville de Lyon, & ledit fieur de
Moulceau. Requefte prefentée aufdits Prevoft des Marchands
& Efchevins Juges & Confervateurs, par les Marchands
negocians

negocians sous le privilege des foires de ladite Ville, à ce que
acte leur fust donné de l'opposition qu'ils formoient à la levée
des nouveaux droits du Greffe, en consequence de l'Arrest
obtenu par lesdits Prevost des Marchands & Eschevins de ladite Ville. Sentence renduë en ladite Seneschauffée de Lyon
sur la requeste desdits Dandré & Colemieu le 9. Decembre
1667. portant que sans avoir égard à la sentence du sieur de
Silvecane lesd. Dandré & Colemieu auroient esté dechargez
des peines portées par icelle, défense de proceder ailleurs qu'en
ladite Seneschauffée. Sentence renduë en ladite Conservation
entre Jean Matthieu & Jacques Dupuy, ledit Claude Dandré
& autres le 27. Novembre 1665. Autre sentence renduë par lesdits Prevost des Marchands & Eschevins Juges Conservateurs
le 9. Decembre 1667. par laquelle Guillaume Deschamps Procureur auroit esté interdit de sa charge en ladite jurisdiction
pour six mois, défenses à luy d'y postuler pendant ledit temps.
Copie d'Arrest du Parlement de Paris rendu sur la requeste
desdits Dandré & Colemieu le 30. Decembre 1667. par lequel ils auroient esté receus appellans de la sentence contre
eux renduë par le Commissaire de la Monnoye de Lyon. Copie d'Arrest du Conseil du 22. Decembre 1667. par lequel
sans avoir égard aux sentences renduës par le Presidial de Lyon
auroit esté ordonné que le jugement rendu par ledit sieur de
Silvecane seroit executé, défenses aux parties de se pourvoir
ailleurs que pardevant luy & audit Presidial d'en connoistre.
Plusieurs sentences renduës en ladite Seneschauffée de Lyon
entre les particuliers y nommez Voituriers depuis l'année 1639.
jusques & compris l'année 1662. pour raison du fait desdites
Voitures. Copie d'Arrest du Conseil rendu entre Isaac de
Poussac, Claude de Rosny, Pierre Samuel & autres le 29.
Aoust 1665. portant renvoy des parties au Presidial de Lyon par
appel au Parlement de Paris. Sentence renduë en la Seneschauffée de Lyon le 23. May 1667. entre Annet Brosset & les
sieurs de Madieres & Geofroy, portant qu'avant faire droit
aux parties nouveau rapport sera fait par deux Marchands Dra-
piers. Acte par lequel George Pescher Voiturier de Lyon au-

roit déclaré aufdits de Madieres & Geoffroy le 10. Juin 1667.
qu'il n'eftoit jufticiable defdits Prevoft des Marchands & Efchevins, & auroit requis fon renvoy audit Prefidial de Lyon.
Copie de trois contracts de vente faits par François du Faure
& Jean Pierre Delrieu, aufdits Oudart & Jean Baptifte Mercier des Offices de Receveurs des Confignations de Lyon des
28. Novembre 1662. 20. Octobre audit an & 7. Aouft 1664.
Procés verbal du fieur de Seve Lieutenant general de Lyon,
contenant l'inventaire par luy fait des effets defdits Mercier du
6. Avril 1668. Sentence arbitrale renduë par le fieur Archevef-
que de Lyon entre lefdits Officiers du Prefidial & lefdits Prevoft des Marchands & Efchevins, au fujet de la banqueroute
du nommé Girard le 6. Mars 1667. par lequel fans préjudice du
droit des parties il auroit efté ordonné que lefdits Officiers du
Prefidial leveroient le feellé appofé de leur autorité, feroient
l'inventaire des meubles meublans, des drogues propres à l'art
de teinture qui s'y trouveroient, & que lefdits Juges de la Confervation leveroient auffi leur feellé & feroient auffi inventaire
de tout ce qui concerne le fait de Negociant. Et pour éviter à
l'avenir toutes conteftations entre les parties, que ceux qui porteroient bilan, qui tiendroient livres, qui vendroient, achete-
roient & ftipuleroient payemens en temps de foires feroient
reputez Marchands, & par confequent de la jurifdiction de
ladite Confervation. Copie d'Arreft du Parlement de Paris
entre le Juge Confervateur des foires de Lyon & les Officiers
dudit Prefidial le 7. Septembre 1610. portant reglement pour
la fonction de leurs charges. Livre intitulé Stile de la Jurifdiction Royale de la Confervation de ladite ville de Lyon. Extrait du Recueil des Ordonnances fur le fait de la juftice &
abreviation des procez dans lequel eft inferée la Declaration
du Roy Henry IV. du deux Octobre 1610. portant que les Confuls connoiftroient feulement des differends entre Marchands
& pour le fait des marchandifes, & leur eft fait défenfes de
prendre connoiffance d'autres differends. Bail fait par ledit
Thomas de Moulceau à Jean Claude Monod de la place de
Cõmis au Greffe de ladite Confervation le 18. Novembre 1660.

requefte

Requeste presentée au Lieutenant Criminel de Lyon par Guillaume Guily, à ce qu'il fust ordonné qu'il seroit procedé à l'instruction & parachevement du procez contre luy intenté à la requeste du Prevost des Marchands, & qu'il seroit parachevé par autre que par ledit Lieutenant Criminel. Ensuite est l'Ordonnance signée Charrier, portant que les charges & informations luy seroient remises, pour icelles veües estre procedé ainsi qu'il appartiendroit. Information faite par ledit sieur Lieutenant General de Lyon à la requeste de François Dumes & Anne Dumes sa fille contre les y dénommez : ensuite est un Decret de prise de corps contre eux, decerné par ledit Lieutenant General des 9. & 10. Juin 1668. Autre requeste presentée audit sieur Charrier Lieutenant Particulier par ledit Cuily, à ce que sans s'arrester aux recusations contre luy proposées il fust procedé au parachevement dudit procez. Ensuite est l'Ordonnance dudit sieur Charrier du 5. Aoust 1668. portant qu'attendu lesdites recusations desdits Prevost des Marchands & Eschevins ledit Guily se pourvoiroit à la Cour. Sentence rendüe en ladite Seneschaussée de Lyon sur la requeste desdits Prevost des Marchands & Eschevins, à ce que lesdits Officiers eussent à s'abstenir de connoistre de leurs procez & differends tant civils que criminels, par laquelle Sentence auroit esté ordonné que les parties se pourvoiroient du 3. Aoust 1668. Acte par lequel ledit Guily auroit d'abondant declaré qu'il estoit appellant de tout ce qui avoit esté contre luy fait par ledit Lieutenant Criminel le 18. May 1668. Escrou dudit de Guily à la requeste desdits Prevost des Marchands & Eschevins du 10. Mars 1668. Acte par lequel desdits Officiers de la Seneschaussée de Lyon ont baillé copie ausdits Prevost des Marchands & Eschevins des pieces y mentionnées. Autre acte signifié à la requeste desdits Officiers de la Seneschaussée de Lyon ausdits Prevost des Marchands & Eschevins & aux Commissaires nommez pour l'exercice de la jurisdiction desdits Juges Conservateurs le 8. Aoust 1668. à ce que sans avoir égard à leurs réponses du 3. dudit mois d'Aoust les fins de la requête des Officiers dudit Presidial du 1. dudit mois leur fussent

sent

fent adjugées. Acte de reception dudit Jean Baptiste Mercier efdits Offices de Receveur des Confignations de Lyon du 5. Decembre 1662. Eftat des creanciers defdites Confignations payez des deniers du fieur du Faure, montant à la fomme de deux cens quatre-vingt-fix mille deux cens quatre-vingt-cinq livres. Enfuite eft la promeffe defdits Mercier, de luy payer ladite fomme du 6. Novembre 1665. Copie de quittance de la fomme de foixante & onze mille trois cens foixante & treize livres un fol, receüe par Pecoüel dudit Mercier du 17. Mars 1666. Enfuite eft la reconnoiffance dudit Mercier que ladite fomme a efté payée des deniers dudit du Faure. Acte de Confignation faite par Claude Pecoüel le 18. Fevrier 1661. de la fomme de foixante & feize mille livres. Saifie réelle faite à la requefte dudit du Faure defdits Offices de Receveurs des Confignations & biens appartenans aufdits Mercier, faute de payement des fommes par eux deües. Ordonnance décernée par le fieur Coefnard Confeiller au Parlement & Requeftes du Palais, pour voir proceder au bail judiciaire des biens faifis fur lefdits Mercier du 6. Juillet 1668. Sentence des requeftes du Palais renduë entre Claude Martin & ledit du Faure, par laquelle fans avoir égard au declinatoire dudit Martin eft ordonné que les parties procederont du 8. Aouft 1668. Copie d'acte par lequel Damoifelle Marie Eleonord Matton reconnoift devoir à Antoine Vachon Receveur des Confignations de Lyon deux-mille trois cens trente livres, pour refte de la Confignation y mentionnée du 18. Novembre 1662. Tranfport fait par ledit Mercier comme ayant droit dudit Vachon audit Paul Mafcranny de ladite fomme de deux-mille trois cens trente livres deüe par ladite Matton du 17. Novembre 1664. Acte de Confignation faite par ledit Mafcranny de la fomme de onze mille livres pour l'adjudication y mentionnée du 16. Decembre 1664. Acte de fubrogation dudit Mafcranny en ladite adjudication de la perfonne du fieur de Bonnel du 12. Decembre 1664. à la charge par ledit Mafcranny de configner ladite fomme d'onze mille vingt livres. Cahier contenant les promeffes faites par lefdits Mercier audit Mafcranny des fommes

y men

y mentionnées des 19. Octobre 1660. 9. Janvier 1662. 15. Juillet & 3. Decembre audit an. Procedures faites par ledit Mascranny en ladite Conservation. Saisies & criées des biens appartenans audit Mercier, faute de payement des sommes par luy deües audit Mascranny. Sentence renduë en la Seneschauffée de Lyon le 4. Avril 1668. par laquelle ledit Pilot est subrogé pour la poursuite & parachevement des saisies & criées. Vente & adjudication par decret des biens saisis sur ledit Mercier. Copie de requeste presentée aux Requestes du Palais par ledit du Faure aux fins de faire assigner les creanciers dudit Mercier, pour voir dire que leurs saisies seroient converties en opposition & qu'il seroit passé outre aux criées. Saisie dudit du Faure: ensuite est la Commission sur ladite requeste du 8. May 1668. & l'assignation donnée en consequence audit Pilot. Acte de presentation dudit Pilot sur ladite assignation du 24. Juillet dernier. Escritures desdits Prevost des Marchands & Eschevins Juges Conservateurs. Contredits des Officiers dudit Presidial contre ladite production signifiée le 29. Octobre 1668. Recueil des titres de l'establissement des Juges & Consuls de Paris. Contredits desdits Prevost des Marchands contre la production nouvelle des Officiers dudit Presidial signifiez le 5. Novembre dernier. Procez verbal du Vicegerant en la Conservation, contenant l'apposition du scellé en la maison de la veuve Bourdin à la requisition de Jean Cornallin du 19. Octobre 1668. Autre Ordonnance renduë par ledit Vicegerant, portant qu'il seroit fait inventaire des biens & effets de ladite Bourdin dudit jour. Contredits fournis par ledit du Faure contre la requeste de production des Officiers dudit Presidial signifiez le 7. Novembre audit an. Acte par lequel lesdits Prevost des Marchands & Eschevins ont déclaré aux Advocats desdits Officiers dudit Presidial, de Seve, Vidaud, communauté des Procureus postulans, Pilot, Rigioly & du Faure le 8. Aoust 1668. Qu'ils avoient mis leurs requestes & pieces justificatives és mains dudit sieur Pussort, & eussent à y mettre les leurs si bon leur sembloit. Trois autres sommations faites aux Advocats desdites parties les 14. 17. & 18. Aoust de remettre leurs

pieces

pieces és mains dudit sieur Pussort, & donner leurs réponses aux requestes presentées par lesdits Prevost des Marchands & Eschevins de ladite Ville. Certificat du Commis du Greffe du Conseil du 7. Novembre 1668. que depuis le dernier Juin de ladite année jusques au 7. dudit mois de Novembre, il ne s'estoit fait aucune presentation audit Greffe du Conseil sous les noms d'Oudart Mercier, & Marie Bidaud, & aurres pieces attachées ausdites requestes. Oüy le rapport du sieur Pussort Conseiller ordinaire de sa Majesté en ses Conseils, aprés en avoir communiqué par ordre de sa Majesté au sieur Colbert aussi Conseiller ordinaire en ses Conseils & Controolleur General de ses Finances : Et tout consideré. LE ROY ESTANT EN SON CONSEIL, faisant droit sur les requestes respectiues desdites parties. A ordonné & ordonne que les Edits, Arrests, Declarations & Reglemens concernans la jurisdiction des Iuges Gardiens & Conservateurs des foires de la ville de Lyon seront executez selon leur forme & teneur : ce faisant, Ordonne sa Majesté qu'ils connoîtront privativement aux Officiers de la Seneschaussée & Siege Presidial de ladite Ville, & à tous autres Iuges, de tous procés meus & à mouvoir pour le fait du negoce & commerce des marchandises, circonstances & dépendances, soit en temps de foires ou hors de foires, en matiere civile & criminelle, de toutes negociations faites pour raison desdites foires, circonstances & dépendances, mesme de toutes societez, commissions, trocs, changes, rechanges, virement de parties, courtages, promesses, obligations, lettres de change, & toutes autres affaires entre Marchands & Negocians en gros ou en détail, Manufacturiers des choses servans au negoce, & autres de quelque qualité & condition qu'ils soient, pourveu que l'vne des parties soit Marchand ou Negociant, & que ce soit pour fait de negoce, marchandise ou manufacture. VEVT & ordonne sa Majesté que tous ceux qui achetent des marchandises pour les revendre, ou qui portent bilan & tiennent livres de Marchands, ou qui stipulent des payemens en temps de foires, soient justiciables desdits Iuges Conservateurs

pour

pour raifon defdits faits de foires & marchandifes. C o n-
n o i s t r o n t auffi lefdits Iuges Confervateurs privativement aufdits Officiers de la Senefchauffée & Siege Prefidial ,
& tous autres Juges , des voitures de marchandifes & denrées
dont les Marchands font commerce feulement. C o n-
n o i s t r o n t auffi de toutes lettres de répy, banqueroutes ,
faillites & déconfitures de Marchands , Negocians & Manufacturiers des chofes fervans au negoce, de quelque nature
qu'elles foient : mefme en cas de fraude procederont extraor-
dinairement & criminellement contre lefdits faillits, aufquels
& à leurs complices ils feront & parferont le procés fuivant la
rigueur des Ordonnances, à l'exclufion de tous autres Juges :
fe tranfporteront aux maifons & domiciles des faillits , procederont à l'appofition du feellé, confection des inventaires ,
ventes judiciaires de leurs meubles & effets, mefme de leurs
immeubles, par faifies, criées, ventes & adjudications par
decret, enfemble à la diftribution des deniers en provenans
en la maniere accoûtumée entre les oppofans & autres prétendans droit fur lefdits biens & effets, fans qu'aucunes defdites parties fe puiffent pourvoir pour raifon de ce pardevant
les Officiers de ladite Senefchauffée & Siege Prefidial , ny
ailleurs que pardevant lefdits Juges Confervateurs, fous prétexte de la demande du payement du loüage des maifons ,
gages des domeftiques, lettres de répy , privilege , droit de
Committimus, incompetance, reculation , ou autrement en
quelque maniere que ce foit , à peine de trois mille livres d'a-
mende, & de tous dépens, dommages & interefts ; à la charge neanmoins que les criées feront certifiées par les Officiers
de la Senefchauffée en la maniere accoûtumée. F a i t fa Majefté défenfes aufdits Officiers de la Senefchauffée & Siege
Prefidial , & à tous autres Juges , de prendre aucune connoiffance ny s'entremettre en l'appofition defdits feellez , confection defdits inventaires, decrets , ventes & adjudications
defdits effets , meubles ou immeubles des faillits , directement
ny indirectement , fous prétexte de la certification defdites
criées , prévention , requeftes à eux prefentées par des créan-

L   ciers

ciers non-privilegiez , ou autrement, à peine de répondre des dommages & interests des parties en leurs noms. V E V T & ordonne fa Majefté , que les Juges Confervateurs connoiffent à l'avenir de toutes les matieres fufdites , & autres dépendantes de leur jurifdiction fouverainement & en dernier reffort jufques à la fomme de cinq cens livres , conformément à ce qui fe pratique dans la juftice des Juges-Confuls de la ville de Paris , leur en attribuant fa Majefté toute cour, jurifdiction & connoiffance, pour eftre leurs Sentences & Jugemens de la qualité fufdite executez comme Arrefts de Cour fouveraine. F A I T fa Majefté défenfes de fe pourvoir au Parlement contre lefdites Sentences & Jugemens par appel ou autrement, & à ladite Cour & tous autres Juges d'en connoiftre. Et à l'égard des fommes excedantes celle de cinq cens livres , feront leurs Sentences & Jugemens executez par provifion au principal , nonobftant oppofitions ou appellations, & fans prejudice d'icelles au cas d'appel : & feront tous leurs Jugemens executez en toute l'étenduë du Royaume fans Vifa ny Pareatis , de mefme que fi lefdites Sentences & Jugemens eftoient feellées du grand feau de fa Majefté , faifant défences aux Parlemens, aux Prefidiaux, & à tous autres Juges d'y apporter aucun empefchement,aux peines portées par l'Ordonnance. O R D O N N E fa Majefté que les Marchands & Negocians fous les privileges des foires , qui feront notoirement folvables , foient receus pour cautions comme ils ont efté cy-devant & auparavant fon Ordonnance du mois d'Avril 1667. en execution des Sentences & Jugemens defdits Juges Confervateurs, fans qu'ils foient tenus de donner declaration & dénombrement de leurs biens , meubles & immeubles. F A I T fa Majefté défenfes aufdits Officiers de la Senefchauffée & Siege Prefidial de prononcer par contrainte par corps & execution provifionnelle de leurs Ordonnances , Sentences & Jugemens , conformément aux rigueurs de la Confervation , à peine de nullité de leurs jugemens, & dépens, dommages & interefts des parties en leurs noms. V E V T & ordonne Sa Majefté que l'Office de fon Procureur en la Confervation demeure éteint & fupprimé ,

primé , fans qu'à l'avenir pour quelque caufe & occafion que ce foit il puiffe eftre rétably : & fera ledit Vidaud rembourfé du prix dudit Office dans fix femaines pour tous delais par les Prevoft des Marchands & Efchevins de la ville de Lyon , fuivant la liquidation qui en fera faite par les Commiffaires qui feront députez par fa Majefté. Et feront tenus lefdits Prevoft des Marchands & Efchevins de nommer vn Officier ou Gradué pour faire les mefmes fonctions dudit Office pendant trois ans gratuitement & fans frais , à peine de concuffion : & aprés lefdites trois années fera par eux procedé à nouvelle nomination , & continué de trois en trois ans en la mefme forme & maniere , fans que ledit Officier ou Gradué par eux ainfi nommé puiffe eftre continué plus long-temps que pendant lefdites trois années , & fans que lefdits Prevoft des Marchands & Efchevins puiffent vfer cy-apres de la faculté à eux accordée par ledit Edit de 1655. de nommer deux Advocats de fa Majefté. Pourront neanmoins en cas de maladie , abfence , ou legitime empefchement dudit Officier ou Gradué , en nommer & commettre vn autre pour faire les mefmes fonctions dudit Procureur de fa Majefté. A fa Majefté éteint & fupprimé , éteint & fupprime les Offices de Procureurs-poftulans en ladite Confervation , la finance actuelle defquels frais & loyaux coufts leur fera auffi remboursée par lefdits Prevoft des Marchands & Efchevins , fuivant la liquidation qui en fera faite par les Commiffaires à ce députez ; fans neanmoins que lefdits Vidaud & Procureurs-poftulans puiffent eftre depoffedez de l'exercice & fonction defdits Offices , qu'ils n'ayent efté entierement rembourfez. VEVT fa Majefté , que le titre de la forme de proceder pardevant les Juges & Confuls des Marchands de ladite Ordonnance du mois d'Avril 1667. foit fuivi & obfervé ponctuellement en ladite jurifdiction de la Confervation de Lyon , & conformément à iceluy fait défenfe de fe fervir en ladite jurifdiction du miniftere d'aucun Advocat ny Procureur ; mais feront tenus les parties de comparoir en perfonne à la premiere affignation pour eftre oüis par leurs bou-

L 2 ches,

ches , & en cas de maladie , abſence , ou autre legitime em-
peſchement , pourront envoyer vn memoire contenant les
moyens de leur demande ou défenſe ſigné de leurs mains ou
par vn de leurs parens , voiſins ou amis , ayant de ce cha rge
& procuration ſpeciale , dont ils feront apparoir : à l'exception neanmoins des matieres criminelles , d'appoſitions de
ſeellez , confection d'inventaires , ſaiſies & criées , vente &
adjudication tant de meubles qu'immeubles , oppoſitions à
icelles , ordres & préference en la diſtribution des deniers
qui en proviendront , eſquelles affaires ſeulement , & non
autres , Sa Majeſté permet de ſe ſervir du miniſtere des Advocats & Procureur s. E t interpretant ſon Edit du mois de
May 1655. A ordonné & ordonne que lors qu'aucun du Corps
Conſulaire ne ſera gradué & qu'il s'agira d'vne des matieres
ſuſdites eſquelles on peut ſe ſervir du miniſtere des Advocats & Procureurs , leſdits Prevoſt des Marchands & Eſchevins ſeront tenus de nommer un Officier de ladite Seneſchauſſée & Siege Preſidial pour inſtruire & juger leſdites affaires & y prononcer, ſans qu'ils puiſſent eſtre tenus d'en nommer pour toutes les autres qui ne ſeront point de la qualité
ſuſdite , & ſans qu'il puiſſe prétendre la preſeance ſur le Prevoſt des Marchands , lequel tiendra toûjours le premier rang
& ſeance encore qu'il ne ſoit pas gradué. F a i t ſa Majeſté
défenſes aux Officiers de ladite Seneſchauſſée & Siege Preſidial d'élargir aucun priſonnier qui ait eſté conſtitué de l'ordonnance deſdits Juges Conſervateurs , à peine d'en répondre en leurs noms , & au Greffier de ladite Conſervation de
prendre pour tous droits des jugemens, expeditions, procedures, & autres actes qui ſe feront en ladite juriſdiction , plus
grande ſomme que celle de deux ſols ſix deniers pour chacun
roolle de groſſe à peine de concuſſion : & en cas de contravention ordonne ſa Majeſté que la connoiſſance & punition en
appartiendra auſdits Juges Conſervateurs en premiere inſtance , & par appel au Parlement de Paris. A ſa Majeſté évoqué
& évoque à ſa Perſonne pendant ſix mois tous les procez &
differens civils & criminels meus & à mouvoir , dans leſquels
ledit

ledit de Moulceau, sa femme, enfans & domestiques pourront estre interessez, & iceux avec leurs circonstances & dépendances a renvoyé & renvoye pardevant le Bailly de Mascon, auquel sa Majesté en a attribué toute Cour, jurisdiction & connoissance, & icelle interdite à tous autres Juges, & par appel au Parlement de Paris. A sa Majesté pareillement évoqué & évoque à sa Personne les saisies & criées, oppositions & autres instances concernant la faillite dudit Mercier, circonstances & dépendances, & a icelles renvoyé & renvoye aux Requestes du Palais du Parlement de Paris, ausquelles sa Majesté en a attribué toute Cour, jurisdiction & connoissance, & par appel audit Parlement. Ordonne sa Majesté que tous ceux qui ont des titres & papiers appartenans audit Hostel de ville de Lyon seront tenus de les remettre incessamment dans les archives d'iceluy. Permet d'informer de la soustraction qui en a esté faite, & pour cet effet d'obtenir Monitoire & Censures Ecclesiastiques en forme de Droit. Et ayant aucunement égard aux requestes respectivement presentées par ledit Lieutenant General & par lesdits Officiers de ladite Seneschaussée & Siege Presidial, & par lesdits Prevost des Marchands & Eschevins de ladite Ville, à fin de reparation des injures contenuës en leurs requestes & écritures ; Sa Majesté a ordonné & ordonne que les mots injurieux contenus esdites requestes demeureront respectivement supprimez, & sur le surplus des requestes & demandes de toutes les parties, les a Sa Majesté mis & met hors de cour & de procez, dépens compensez entre toutes lesdites parties, & feront toutes lettres necessaires expediées, & le present Arrest leu, publié & affiché. Fait au Conseil d'Estat du Roy, sa Majesté y estant, tenu à Paris le vingt-troisiéme jour de Decembre mil six cens soixante-huit. Signé, Le Tellier.

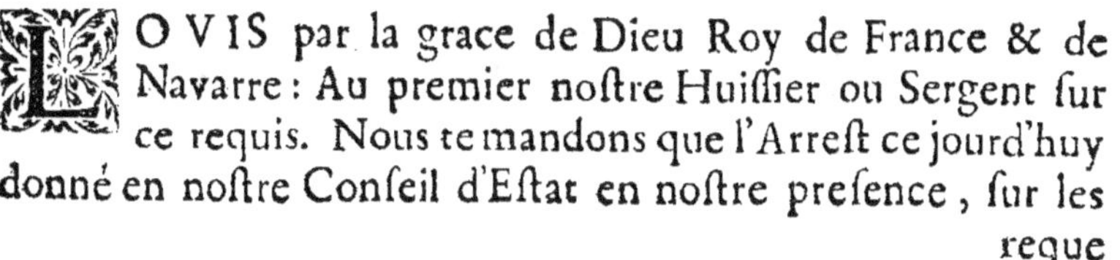

Lovis par la grace de Dieu Roy de France & de Navarre : Au premier nostre Huissier ou Sergent sur ce requis. Nous te mandons que l'Arrest ce jourd'huy donné en nostre Conseil d'Estat en nostre presence, sur les

reque

requeftes refpectivement prefentées en iceluy par nos chers & bien-amez les Prevoft des Marchands & Efchevins de noftre bonne ville de Lyon, Prefidens, Iuges Gardiens & Confervateurs des privileges des foires de ladite Ville, tant en leurs noms qu'efdites qualitez ; par les Prefidens, Lieutenans General, Criminel, Particulier, nos Confeillers & noftre Procureur, Iuges & Magiftrats en la Senefchauffée & Siege Prefidial de Lyon ; maiftre François du Faure noftre Confeiller, & Receveur general des Gabelles de Lyonnois ; les Procureurs-poftulans efdites Senefchauffée & Siege Prefidial, en la jurifdiction de la Confervation des privileges des foires, & autres jurifdictions royales de ladite Ville ; noftre amé & feal Confeiller Lieutenant General efdites Senefchauffée & Siege Prefidial Matthieu de Seve, Pierre Pilot Procureur és Cours de Lyon, & Thomas de Moulceau Efcuyer, Secretaire & Député de ladite Ville : Dont l'extrait eft cy-attaché fous le contrefeel de noftre Chancellerie : Tu fignifies à tous ceux qu'il appartiendra, à ce qu'ils n'en pretendent caufe d'ignorance, & ayent à y obeïr : Et fay les défenfes y mentionnées fur les peines y portées, & pour l'entiere execution d'iceluy à la requefte defdits Prevoft des Marchands & Efchevins tous exploits, fignifications, fommations, commandemens, & autres requis & neceffaires. De ce faire te donnons pouvoir & commiffion fpeciale fans demander autre permiffion. Et fera ajoûté foy comme aux Originaux aux copies dudit Arreft & des prefentes collationnées par l'vn de nos amez & feaux Confeillers & Secretaires. Car tel eft noftre plaifir. Donné à Paris le vingt-troifiéme jour de Decembre l'an de grace mil fix cens foixante-huit, & de noftre regne le vingt-fixiéme. Signé, LOVIS. Et plus bas, Par le Roy, LE TELLIER. Et feellé.

Collationné aux Originaux par moy Confeiller Secretaire du Roy, Maifon Couronne de France, & de fes Finances.

www.ingramcontent.com/pod-product-compliance
Lightning Source LLC
LaVergne TN
LVHW012228170726
843503LV00005B/2327